漢語史專書語法研究叢書

漢語史專書語法研究叢書

《呂氏春秋》句法研究

⊙ 殷國光　著

河南大學出版社

中国社科院科学基金重点项目

LVSHI CHUNQIU JUFA YANJIU

《吕氏春秋》句法研究

殷國光 著

河南大學出版社
中 國·開 封

圖書在版編目(CIP)數據

《吕氏春秋》句法研究 /殷國光著. —開封:
河南大學出版社,2011.1
(古漢語專書語法研究叢書)
ISBN 978-7-5649-0358-9

Ⅰ. ①吕… Ⅱ. ①殷… Ⅲ. ①吕氏春秋—句法—研究
Ⅳ. ①B229.25②H141

中國版本圖書館 CIP 數據核字(2011)第 005350 號

責任編輯 王興業
責任校對 馮愛蓮
封面設計 馬 龍

出 版 河南大學出版社
地址:河南省開封市明倫街 85 號 郵編:475001
電話:0378—2825001(營銷部) 網址:www.hupress.com
經 銷 河南省新華書店
排 版 鄭州市今日文教印製有限公司
印 刷 河南省新華印刷集團有限公司
版 次 2011 年 1 月第 1 版 **印 次** 2011 年 1 月第 1 次印刷
開 本 787mm×960mm 1/16 **印 張** 12.5
字 數 186 千字 **印 數** 1—2000 册
定 價 25.00 元

(本書如有印裝質量問題請與河南大學出版社營銷部聯繫調换)

目　　録

出版説明

專書語言研究是語言學本體研究的一項基礎工程。20 世紀 90 年代以來,隨着漢語史研究的全面開展、尤其是近代漢語的研究日益引起重視,專書語言研究的課題在中國社會科學院語言研究所的學術規劃中佔有比較大的分量,較之 60 年代曾經籌劃論证、後來由於客觀條件而實際中輟的計劃,這次的專書研究工作規模更大,包括古代和近代;參與的人員更多,包括所内和所外。由劉堅研究員主持,劉堅先生去世後,由江藍生先生主持,申報了“九五”的國家社科基金重點課題“近代漢語專書語法研究”;由董琨研究員主持,申報了中國社會科學院重點課題“古代漢語專書語法研究”,以上兩個課題均在相關單位得以立項。經過較長期的艱苦努力,克服不少困難,這兩個課題都已基本結項。在河南大學出版社的大力支持下,其相應成果編成《漢語史專書語法研究叢書》,分為古代和近代兩輯,每輯十本。

針對學科不同分支的特點,北京大學郭錫良教授和蔣紹愚教授分别為叢書的第一、二輯撰寫了精彩的序言。在此謹向兩位教授和河南大學出版社的領導以及策劃編輯王興業先生表示衷心的感謝！

由於各種專書的語言特質與已有的研究狀況不一，研究者的個人觀點與志趣有異，故而相應的研究成果的内容，彼此有所差别，或偏重詞法，或偏重句法，篇幅方面的參差也在所難免，我們在統稿時未曾作同一要求，多少也有“文責自負”的意思，特此説明。

我們尊敬的前所長劉堅先生是本套叢書的主編，但他不幸因病去世，未能目睹成果的出版，在此我們謹以本叢書寄託我們的哀思，告慰劉堅先生的在天之靈。

《漢語史專書語法研究叢書》編委會

2002 年 12 月

《古代漢語專書語法研究》序

郭錫良

古漢語專書語法研究是建立漢語斷代語法和漢語語法發展史的可靠基礎。盡管二十世紀三四十年代黎錦熙先生就寫過《三百篇之“之”》,丁聲樹先生也寫過《論〈詩經〉中的“何”“曷”“胡”》等文章;但是那還是從考證語詞的意義和用法着眼的,真正自覺作爲專書語法研究課題來對待,是 20 世紀 50 年代以後的事情。1958 年王力先生的《漢語史稿》出版後,揭開了漢語歷史語法研究的新篇章。人們意識到要建立科學的漢語語法史必須以專書語法研究爲基礎,60 年代初語言所古漢語研究室在陸志韋先生的主持下首先把《左傳》語法研究列爲了他們的研究課題之一。由於大家都清楚的原因,剛開始不久的研究就被迫中斷了 10 年。80 年代以後,先後出版的何樂士教授的《〈左傳〉虛詞研究》和管燮初先生的《〈左傳〉句法研究》就是這一課題的成果。“文革”後學術界對專書語法研究更加重視,不少學者提倡專書語法研究,中斷多年的古漢語專書語法研究又重新展開,發展相當迅速,20 年之間,專書語法研究的範圍涉及由上古至近代的典籍數十種,上起《尚書》《詩經》《論語》《左傳》,下迄《金瓶梅》《紅樓夢》《儒林外史》《老殘遊記》。發表的論文四百多篇。語言所又組織了先秦專書語法研究等重點研究課題,北京大學等單位也把專書語法研究作爲研究生的碩士、博士學位論文的題目。專書語法研究迎來一個繁榮時期,這是十分可喜的。不過,另一方面專書語法研究也還存在一些值得注意的問題,須要引起我們的重視。

大家知道:語法是語言組詞造句的規則,它總是一個系統。研究者也必然要有自己的理論方法和所采用的語法系統。研究古代的專書語法,不可避免首先就要解决這個問題。理論方法的先進性和采用的語法系統的科學性决定了專書語法研究的成敗。我們應該十分慎重地對待這個問題。但是也有人唱反調,竟然説甚麽:研究專書語法,不要管甚麽理論體系,衹要深入材料,你怎麽看就可以怎麽做。這是十分錯誤的。目前專書語法研究雖然難有一個統一的規格,但是它决不能作爲各行其是、不注重理論方法的藉口。我們也應該在不斷的實踐中努力提高這方面的水準和共識。

研究專書語法的方式是多樣的,大致可以分成兩大類:(1)任意選擇有特點的語法現象(詞法或句法)進行專題研究;(2)按系統選擇專書的某部分語法成分、語法結構作全面、窮盡式的研究。它可以是某類虚詞研究或某類實詞研究,也可以是句法結構或句式的研究。第一類方式研究者的靈活性、主動性比較大,也容易成爲研究者的選題。第二類方式中虚詞研究比較容易,實詞研究次之,句法研究最難。因爲虚詞是封閉的類,已有的研究成果也較多,確定研究某類虚詞後,不牽涉到整個語法體系;而研究某類實詞就必然牽涉到整個實詞系統的分類,所以實詞研究難於虚詞研究。至於句法研究,它一般要在詞法研究的基礎上才得以順利進行,所以説它比實詞研究更難。目前的專書語法研究,從内容來看,虚詞研究的文章最多,估計在一半以上,加上第一類方式的文章,要佔總數的百分之七十左右。實詞研究和句法研究的文章偏少,嚴重失調,亟需加强這方面的研究。首先應該加强專書動詞研究,動詞類别的確定是解决詞類系統的核心,詞類系統解决了,句法結構和句式的研究也就具備了堅實的基礎。

專書語法研究是一個系統工程,要充分認識作好它有很大的難度,因爲它一般要在完成專書索引、專書詞典的基礎上才能進行。專書語法研究的目的是對某部專書的語法進行全面描寫,研究雖然可以分頭或分步驟,但是每一部分都是與整體相聯繫的,既要作窮盡式的研究,又要相互照應。研究一部專書的動詞不是衹研究它的動詞就能解决問題的，幾乎可能要涉及到所有的詞類。還要看到，許多問題的解決，不是單靠一部專書所能解決的，還需要研究同時代的其他著作，甚至要上掛下聯。因此任何輕浮的學風或急於求成的想法都是要壞事的。

我們也應該看到，專書語法研究是一個全面鍛煉的過程，也是一個全面積累經驗、全面積累科研素材的過程。從專書的整理開始，版本、校勘、標點、今譯，這是前期的準備工作。按今天的標準來説，研究者應該整理好該專書的電子版本。第二步應該是編出專書索引和專書詞典初稿。專書詞典將在專書語法研究的過程中逐步完善。編寫專書詞典，需要解決字與詞的關係、詞與非詞的關係、詞義的分析歸納、義項的設立等一系列問題。研究者從中可以得到詞彙學、語義學方面的很好鍛煉。語法的窮盡式研究將迫使研究者無法采取迴避的態度。全面研究了一部專書語法，不僅對一個時代的語法系統將具有深刻理解，對該專書前後時代的歷史語法的比較研究也將具有深厚的基礎。那時他將在漢語研究工作中獲得廣大的天地，也獲得廣大的自由。

語言所組織的九五社科規劃重點課題"古代漢語專書語法研究"結項了，完成了多部專書語法專著，即將出版，主持者董琨教授向我索序。這樣一次大規模的專書語法研究項目，涉及所内外，研究者分散全國，聯繫困難，衹能各自爲政，因此成果難免互有差異。但是，不管怎樣，這是一次推動專書語法研究的有益活動，我樂意寫下了上面的一些不成熟的意見，也算是序吧。

2002 年 12 月 22 日
於藍旗營小區

前　　言

專書的語法研究可以是全面的，也可以是專題形式的，本書采取了後者，希望以有限的篇幅探討值得關注的一些問題。

本書的内容分爲兩部分：一、《吕氏春秋》句型研究概説；二、《吕氏春秋》句法結構的考察。提要如下：

句型研究在上古漢語語法研究中具有極其重要的地位，確定句界是研究句型的前提。由於漢語的句子具有彈性，缺乏形式標誌，關於語流中句子的轄域範圍，往往是仁者見仁，智者見智，一部《吕氏春秋》，各家的標點多有不同便是明證。《〈吕氏春秋〉句子的界定》通過對《吕氏春秋》不同標點本的比較，指出：上古漢語中，句與非句、單句與複句之間没有一條涇渭分明的界限；界定上古漢語的句子，當兼顧語音、句法、語用三個層面。文章探討了界定句子的標準，並對有争議的句子的界定提出自己的看法。

《關於〈吕氏春秋〉句型研究的若干問題》就有關句型的一些基本理論問題，諸如：句型的界説，確立句型的原則，句型成分與非句型成分的界定，句型與句子成分及層次的關係，句型與句型變體，等等，進行深入的探討；並初步勾畫出《吕氏春秋》的句型係統。

對《吕氏春秋》句法結構的考察，本書重點考察了向心結構和述賓結構。

向心結構這個概念是布龍菲爾德在 1933 年根據分佈的標準提出來的，依照布龍菲爾德的標準，向心結構是指其直接成分（至少有一個）與結構整體的功能和分佈相同的句法結構。向心結構分爲兩類：並列的（co－ordinative 或系列的 serial）和從屬的（subordinative 或修飾的 attributive）。本書衹對《吕氏春秋》中“從屬的”向心結構進行了考察。

《〈吕氏春秋〉不含“之”的體詞性向心結構的考察》等四篇文章對《吕氏春秋》中的向心結構作了全面的量化的描寫，在此基礎上，重點考察了以下幾個方面：1. 各詞類(及其次類)充當修飾語的差異；2. 中心語對修飾語的選擇；3. 多級向心結構的語序規則；4. 向心結構中虚詞的有無及其作用；5. 不含虚詞的向心結構與含虚詞的向心結構之間的變换；6. 向心結構向非向心結構的變换；等等。

《〈吕氏春秋〉述賓結構的考察》以《吕氏春秋》量化的語言材料爲依據，1. 界定述賓結構；2. 引入語義角色，考察述賓結構内部賓語的意義分類；3. 從賓語的性質、賓語的構成、賓語的位置、賓語的有無及雙賓語等五個方面考察賓語的形式特徵；4. 引入動詞的語義特徵，考察述語動詞對賓語的選擇；5. 考察述賓結構整體的句法功能。

本書的基本目標是勾畫出《吕氏春秋》的句型系統；並希望通過對具體句法結構的考察，探討上古漢語句法構造的基本原理和機制。

本書遵循形式與意義結合的原則，静態研究與動態研究結合的原則；以共時描寫爲主，間有歷時的考察；注重定量分析。

理論方法的先進性和采用的語法系統的科學性關係着古代專書語法研究的成敗。如何將現代語言理論和方法引入古代文獻語言研究的領域，是漢語史學界面臨的重大課題之一，本書在這方面做了初步的嘗試。

呂不韋(? 一前 235 年)濮陽人,後到韓國的陽瞿經商,很快發財,成爲家累千金的富商。致富後,呂不韋又把商業的投機方法應用到政治上,幫助秦王孫子楚當上太子,繼位爲秦莊襄王。呂不韋本人也當上秦的相國,封文信候。秦始皇年幼即位,尊不韋爲仲父,主政。後因嫪毐獲罪牽連,罷官,流放四川,途中自殺。曾命門客各著所聞,集論成書,命名爲《呂氏春秋》,也叫《呂覽》。傳說,書成,懸於國門,謂有增損一字者予千金。全書二十六卷,分十二紀,八覽,六論。

【壹】《吕氏春秋》句子的界定

句型研究在上古漢語語法研究中具有極其重要的地位。研究《吕氏春秋》(下文簡稱《吕》)的句型,要從《吕》一個個句子分析起,確定句界是研究句型的前提。

由於漢語的句子具有彈性,缺乏形式標誌,關於語流中句子的轄域範圍,往往是仁者見仁,智者見智,一部《吕》,各家的標點多有不同便是明證。因此,確定句界一直是古漢語語法研究的難題之一。本書將通過《吕》不同標點本的比較,探討界定句子的標準,並對有争議的句子的界定提出自己的看法。

1.《吕》不同標點本的比較

爲了界定《吕》的句子,我們將目前社會上通行的、20 世紀 80 年代出版的《吕氏春秋校釋》(下文簡稱《校釋》)和《吕氏春秋譯註》(簡稱《譯註》)的標點進行了全面的比較(統計數字詳見附表)。考察結果表明,兩個標點本斷句、標點不同之處共計 2291 處①,其中 2199 處(約佔

① 不包括頓號。頓號的有無不影響句意的理解。當然,亦偶有因頓號位置的不同,意思有别者,如:

孔子學於老聃、孟蘇夔、靖叔。(當染)《校釋》本

孔子學於老聃、孟蘇、夔靖叔。(當染)《譯註》本

這是由於對專名的理解不同而造成的,不屬於句法範圍。

96%)基本上不影響句意的理解,明顯影響句意理解的衹有 92 處(約佔 4%)。這一結果引起了我們的思考,上古漢語(古代文獻語言)甚麼情況下可以點斷,也可以不點斷? 甚麼情況下必須點斷? 甚麼情況下可以用逗號,也可以用句號? 甚麼情況下必須用逗號,或必須用句號? 爲了搞清這個問題,有必要對兩個標點本斷句、標點不同之處作進一步的考察。

1.1 斷句、標點不同,而又基本上不影響句意理解的

例如(引例標點采用《校釋》本):

A. 其日丙丁。其帝炎帝。其神祝融。其蟲羽。其音徵。(孟夏)

按:《譯註》本句號均作逗號。

王子搜不肯出,越人熏之以艾,乘之以王輿。(貴生)

按:《譯註》本"出"後作句號。

幾個連續的語言片斷(不含連接成分),如"其日丙丁"、"其帝炎帝"等,每個語言片斷都是獨立的、完整的表述形式,即具有"主題"和"解釋"兩部分(從句法層面來看,每個語言片斷都是一個獨立的主謂結構),各語言片斷之間,無論用逗號或句號,均不影響該語言片斷表述形式的完整,不影響句意的理解。

B. 天下非一人之天下也,天下之天下也。(貴公)

按:《譯註》本第一個"天下"後用逗號點斷。

立官者以全生也。(本生)

按:《譯註》本"者"後用逗號點斷。

以此為君悖,以此為臣亂,以此為子狂。(本生)

按:《譯註》本"君"、"臣"、"子"後均用逗號點斷,"悖"、"亂"後用分號。

尊酌者衆則速盡。(情慾)

按:《譯註》本"尊"後用逗號點斷。

今之世，學者多非乎攻伐。（振亂）

按：《譯註》本"世"後未點斷。

甘水所多好與美人。（盡數）

按：《譯註》本"所"後用逗號點斷。

一個語言片斷的"主題"與"解釋"之間，無論是否用逗號點斷，均不影響句意的理解。

C. 萬人操弓共射一招，招無不中。（本生）

按：《譯註》本"弓"後用逗號點斷。

陳侯病不能往。（遇合）

按：《譯註》本"病"後用逗號點斷。

昔葛天氏之樂，三人操牛尾投足以歌八闋。（古樂）

按：《譯註》本"尾"後用逗號點斷。

北郭騷沐浴而出見晏子曰。（士節）

按：《譯註》本"出"後用逗號點斷。

達子又帥其餘卒，以軍於秦周。（權勛）

按：《譯註》本"卒"後未點斷。

今君聽讒人之議，而不知我。（長見）

按：《譯註》本"議"後未點斷。

"主題"實爲動作的施事，"解釋"爲幾個連續的動作，"解釋"的內部，動作語之間，無論用逗號點斷與否，均不影響句意的理解。

D. 貧賤之致物也難，雖欲過之奚由。（本生）

按：《譯註》本"過之"後用逗號點斷。

非桀其孰為此也。（異用）

按：《譯註》本"桀"後用逗號點斷。

廉故不以貴富而忘其辱。（忠廉）

按：《譯註》本"議"後用逗號點斷。

心必樂然後耳目鼻口有以欲之。（適音）

按：《譯註》本"樂"後用逗號點斷。

多有所尤則聽必悖矣。（去尤）

按：《譯註》本"尤"後用逗號點斷。

含連接成分的兩個獨立的表述形式之間，無論用逗號點斷與否，均不影響句意的理解。

1.2 斷句、標點不同，明顯影響句意理解的

例如：

A. 古之至兵，民之重令也。重乎天下，貴乎天子。（論威）

按：《譯註》本“也”後爲逗號。依《譯註》，“民之重令也”與下文“重乎天下，貴乎天子”一氣相屬。“民之重令也”是“主題”，“重乎天下，貴乎天子”是“解釋”。依《校釋》，“古之至兵，民之重令也”是一個完整的表述形式，“民之重令也”是解釋“古之至兵”的；至於“重乎天下，貴乎天子”則屬另一表述形式。①

丈人度之，絶江，問其名族，則不肯告，解其劍以予丈人，曰。（異寶）

按：《譯註》本“江”後爲句號。依《譯註》，“問其名族”的“主題”是“五員”，而非上文的“丈人”；“問其名族”屬另一表述形式。依《校釋》，“問其名族”的“主題”未變，仍是上文的“丈人”。②

衣，人以其寒也；食，人以其饑也。（愛士）

按：《譯註》本“衣”、“食”後不點斷。依《譯註》，“衣人”爲動賓結構，是句子的“主題”。依《校釋》，“衣”是“主題”，“人”在“解釋”部分，在句法層面當屬另一結構。

B. 今有聲於此，耳聽之必慊，已聽之則使人聾，必弗聽。（本生）

按：《譯註》本“慊已”連文，“已”後用逗號點斷。依《譯註》，“已”爲語氣詞，屬上句。依《校釋》，“已”爲副詞，屬下句。

① 陳奇猷按：“古之至兵，民之重令也”，猶言古之至善之兵，乃民之尊重命令者。下文“重乎天下，貴乎天子”云云之主詞皆是“令”。《校釋》，P434.

② 陳奇猷按：上“丈人”義貫此，明“問”字之主詞爲“丈人”也。《校釋》，P557.

古之賢者,與其尊師若此,故師盡智竭道以教。(勸學)

按:《譯註》本"者與"連文,"與"後用逗號點斷。依《譯註》,"與"爲語氣詞,屬上句。依《校釋》,"與"爲連詞,屬下句。

為來歲受朔日。與諸侯所税於民輕重之法。貢職之數......(季秋)

按:《譯註》本"日"後爲逗號,"民"後用逗號點斷,"法"後爲逗號。依《譯註》,"與"爲連詞,"朔日,與諸侯所税於民,輕重之法,貢職之數"爲並列結構,作"受"的賓語。依《校釋》,"與"爲動詞,"貢職之數"屬下句。

C. 水氣至而不知,數備,將徙於土。(應同)

按:《譯註》本"知數備"連文。依《譯註》,"數備"爲"知"的賓語。依《校釋》,"數備"單爲一獨立的表述形式。

周箴曰:"夫自念斯,學德未暮。"(謹聽)

按:《譯註》本"斯學"連文,"學"後用逗號點斷。依《譯註》,"斯學"爲偏正結構,作"念"的賓語。依《校釋》,"學"屬另一表述形式。

君之賂,以欲岑鼎也?以免國也。(審己)

按:《譯註》本"賂"後未點斷,"也"後爲逗號。依《譯註》,"以欲岑鼎"爲介詞結構,作"賂"的補語。依《校釋》,"以欲岑鼎"爲獨立的表述形式。①

D. 是月也,命工師,令百工,審五庫之量......(季春)

按:《譯註》本"師"、"工"後均未點斷。依《譯註》,上句是個復雜的兼語句,"工師"爲"令"的施事,"百工"爲"審"的施事。依《校釋》,"令"、"審"的施事則有可能産生歧解。

E. 菜之美者:崑崙之蘋,壽木之華。指姑之東,中容之國,有赤木玄木之葉焉。(本味)

按:《譯註》本"華"後爲逗號,"東"後爲句號。依《譯註》,"指姑之東"屬上句。依《校釋》,"指姑之東,中容之國"爲偏正結構,作該句狀

① 陳奇猷按:謂君之賂齊,以欲有此真岑鼎邪,抑以免國之患邪?《校釋》,P504.

語。

F. 劑貌辨曰："固非求生也。"請必行，静郭君不能止。（知士）

按：《譯註》本"曰"後引語爲"固非求生也，請必行"。

孔子曰："非謂其躁也，謂其為之於此，而成文於彼也，聖人組修其身，而成文於天下矣。"（先己）

按：《譯註》本"曰"後引語爲"非謂其躁也，謂其爲之於此，而成文於彼也"。

G. 於是乎夫負妻妻携子以入於海。（離俗）

按：《譯註》本從畢校，改後"妻"爲"戴"，"戴"後用逗號點斷。《校釋》本作一句，認爲此文當做"於是夫負妻携子以入於海"。

令荆國廣大至於此者，葆申之力也極言之功也。（直諫）

按：《譯註》本"力也"後用逗號點斷，依《譯註》，"葆申之力也，極言之功也"爲並列的小句。《校釋》本認爲，此疑當做"葆申極言之功也"一句，衍"之力也"三字。

1.3 考察結果

在語用層面上，斷句標點衹要不影響句子表述形式的獨立、完整，不影響其"主題"、"解釋"的外延與内涵，基本上就不會影響句意的理解；在句法層面上，斷句標點衹要不影響句子的内部結構，基本上就不會影響句意的理解。反之，就會影響句意。通過對《吕》兩種標點本的比較，我們至少得到兩點啓示：

（一）上古漢語中，句與非句、單句與複句之間没有一條涇渭分明的界限；

（二）界定上古漢語的句子，當兼顧語音、句法、語用三個層面。

2. 界定句子的標準

2.1 句子的界説

句子是前後都有停頓、具有表述性的、獨立的語言形式。句子的基本形式是小句。獨立的小句是單句,小句的組合是複句。

2.2 界定句子的標準

上古漢語的句子既是語言單位,又是言語單位。上述句子的界説涵蓋了語音、句法和語用三個層面。這三個層面的標準在界定句子的操作中所起的作用不同。

2.2.1 語音標準

上古漢語,句子的語調已無法可考;作爲確定句界的語音標準衹有停頓而已。然而,語音停頓無法作爲確定句界的獨立的標準。這是因爲:

(1) 上古文獻語言没有標點,何處當"讀"(句中停頓),何處當"句"(句間停頓),大多缺乏形式標誌,全由標點者憑語感去點斷。因此,無論是傳統的句讀,還是新式標點,都不是實際言語中自然語音停頓的記録,而是後人在語義理解的基礎上對句的認定的結果。因而,不可避免地或多或少地帶有某種主觀隨意性。這就是爲甚麼 即使是同一標點本(無論是《校釋》本,還是《譯註》本),語境相同、語義相類的語言片斷,在確定句界上也多有不一致之處。

(2) 語音停頓雖然主要取決於句法結構、表述功能,但有時又與音節數目及“辭氣”相關。《馬氏文通》有“頓”、“讀”之分①，黄侃先生提出“聲氣句讀”、“文法句讀”之别②，都含有這一層考慮。

因此，《吕》中，前後有停頓的語言片斷可能是句，也可能不是句。出於“辭氣”（或曰“聲氣”）的原因，語音停頓可以出現在一個語法結構之間，語音停頓與複句内小句的層次也可以不完全一致。例如：

孤獨則父兄怨，賢者誹，亂内作。（决勝）

從邏輯意義上看，這是一個主從複句。“孤獨”爲從句，表示條件；主句爲“父兄怨，賢者誹，亂内作”，由 3 個並列的小句組成，表示推斷；主句與從句之間用“則”連接。顯然，“孤獨”後當用逗號點斷。但無論是《校釋》本，還是《譯註》本，都没有在“孤獨”後點斷，都把“孤獨則父兄怨”看做一個語言片斷。在確定句界的具體操作中，我們把“孤獨則父兄怨”視爲一個小句（緊縮句）。我們認爲，語音停頓處雖然不一定是句界，但句界必須劃在語音停頓處。語音停頓雖然不能作爲確定句界的獨立標準，但仍不失爲確定句界的重要參考標準。作爲停頓標誌的語氣助詞仍是確定句界的形式標誌之一。

2.2.2 句法標準

句法標準是確定小句的主要依據。

（1）小句在語法結構上是獨立的。如果一個語言片斷被包含在一更大的結構之中，則衹能視爲句子的成分。

（2）述謂中心語是結構的核心。一般地説，衹有含有核心的結構才能構成小句。依照這一原則，在確定句界時，凡自成一讀（被語音停頓隔開）的、含有核心的語言片斷，我們視爲小句；否則，視爲非句。③

---

① 馬氏云：“凡句讀中，字面少長而辭氣應少住者曰頓。頓者，所以便誦讀，於句讀之義無涉也。”吕叔湘、王海棻.《馬氏文通讀本》，上海教育出版社，1986，P665.

② 王大年.《〈九歌〉中的聲氣句讀與文法句讀》一文指出：“黄季剛先生就《詩經》提出了聲氣句讀與文法句讀的不同。”見“國際古代漢語語法研討會論文提要”打印稿。

③ 少數非主謂句，如嘆詞句、呼語句等，屬於特例。

(3) 在語法結構上,小句有完整小句(含主語、述謂中心語)和不完整小句(省主語或述謂中心語)之别。一般地説,衹有完整小句才是自由的,才能獨立成句;不完整小句如果没有特殊語境(如“應答”之類)的支持,很難獨立成句。

(4) 小句的長度是有限的。依句法標準,小句句界必須劃在含有核心的、獨立的語法結構之間;衹有完整小句才能獨立成句。

2.2.3 語用標準

從語用層面分析,句子包含“主題——解釋”兩部分。這一表述形式要受到語用條件的制約。語境就是重要的語用條件。在確定上古文獻語言的句界時,正確判斷句子的“主題”、“解釋”的外延與内涵,往往要依靠語境。例如:

流水不腐,户樞不螻,動也。(盡數)

如果脱離了語境,孤立地看“流水不腐”這一語言片斷,它可以看做是前後都有停頓、具有表述性的、獨立的語言形式,符合上述關於句子的界説,可以視爲一個句子(單句)。但是,聯繫到下文“户樞不螻”,則感到“流水不腐,户樞不螻”二者意合,結構相同,互相映襯,依古人講求排偶的行文習慣,視爲一個句子爲宜;因此,孤立地看待“流水不腐,户樞不螻”,又可以把它視爲一個句子(複句)。然而,再聯繫下文的“動也”,我們發現:“流水不腐,户樞不螻,動也。”才是一個完整的表述形式,“流水不腐,户樞不螻”衹是句子的“主題”而已,“動也”是對“流水不腐,户樞不螻”的“解釋”,才是該句的意義核心,因此,句界應當劃到“動也”。

依語用標準,一個完整的、獨立的“主題——解釋”就是一句。上例句界之所以不能劃在“流水不腐”之後,就在於“流水不腐”不是一個獨立的表述形式,它衹是“主題”的一部分。

句子根據其表述功能,可以分爲兩大類:一類是評説句,一類是陳述句。① 評説句表現出静態特徵，它的功能是評論説明話題，格局是“話題語——評説語”；陳述句表現出動態特徵，它的功能是敍述行爲事件，格局是“施事語——陳述語”。

從語音層面觀察“評説句”與“陳述句”，二者呈現出明顯的對立。“話題語”内部可以有停頓，“施事語”内部一般没有停頓；“話題語”與“評説語”之間往往有停頓，“施事語”與“陳述語”之間一般没有停頓。

從句法層面觀察“評説句”與“陳述句”的内部結構，二者也呈現出明顯的對立。“話題語”總是出現在句首，可以是詞，是短語，是小句，還可以是小句組合；“施事語”不總是出現在句首，“施事語”不能是小句或小句組合。“評説語”可以是名詞（或名詞短語）、形容詞（或形容詞短語）、動詞（或動詞短語），也可以是小句（或小句組合）；“陳述語”不能是名詞（或名詞短語）、形容詞（或形容詞短語）。

正因爲“主題”、“解釋”的内部結構都可以超出小句的範圍，而小句在語法結構上是獨立的，小句與小句之間在結構上一般不發生聯繫，因此，僅憑句法層面不能解决上古漢語句子的界定問題。實際上，由若干小句構成的複句的長度、複句内小句的數目均與句子表層的語法結構没有直接關係，控制複句長度的是語義表達的需要，即所謂“意盡爲句”，而語義表達正是語用層面的重要内容。這就是我們界定句子引入語用標準的原因。

2.3 語義在界定句子中的地位

對於上古漢語來説，一切句法分析都必須在語義理解的基礎上進行。没有語義的介入，我們甚至無法確定一個語言片斷中的“名—動”（或“動—名”）是否是一個結構，它們是否處在同一結構層次上，是否是

① 申小龍認爲漢語的句型由施事句、主題句、關係句“三分天下，鼎足而居”見《中國句型文化》，東北師範大學出版社，1988. 我們認爲，施事句、主題句、關係句並非處在同一層次，從句子的表述功能來分，漢語的基本句型衹有陳述句、評説句兩大類而已。

直接組合的句子成分，也無法確定其句法結構關係。同樣，上古文獻語言中的句讀標點及句子“主題”與“解釋”的確定也都是建立在語義理解的基礎之上。因此，語義是界定句子的基礎。句法標準、語音標準、語用標準同語義相比都是第二位的。

2.4 複句內部小句組合的方式

2.4.1 採用關聯詞語

關聯詞語是表達句子內部小句之間語義關係的標誌，因此，界定句子時，關聯詞語受到普遍的關注。含有關聯詞語（尤其是前置連詞）① 的語言片斷，往往是語意未盡，儘管是完整小句，也不能獨立成句。例如：

為我死，王則封汝。（異寶）

是鳥雖無飛，飛將沖天。（重言）

與吾得革車千乘也，不如聞行人燭過之一言。（貴直）

若使秦求河內，則王將與之乎？（應言）

其人苟可，其事無不可。（勸學）

上述例句，句界顯然不能劃在含有關聯詞語的第一個語言片斷之後。《校釋》本、《譯註》本無不如此。

2.4.2 採用“回指”②

複句中的一串小句往往共有一個“主題”，當後續小句提及發端小句的“主題”時，一般采用“回指”形式（或零形回指，或代詞、同形名詞回

① 在複句中，有的連詞出現在發端小句中，有的連詞出現在後續小句中，據此，可以將連詞分爲前置連詞和後置連詞。詳見拙著《吕氏春秋詞類研究》，P343.

② 參見陳平.《漢語零形回指的話語分析》一文，載《現代語言學研究》，重慶出版社，1991.

指)，與發端小句取得照應，從而構成一個“主題鏈”①：

主題——(解釋 1，解釋 2，解釋 3……)例如：

a. 天子居青陽左個，b. []乘鸞輅，c. []駕蒼龍，d. []載青旗，e. []服青玉，f. []食麥與羊。(孟春)

a. 文摯至，b. []不解屨而登牀，c. []履王衣，d. []問王之疾。(至忠)

a. 廣門之官，左七百人，b. []右七百人，c. []皆先登而獲甲首。(愛士)

a. 有一婦人踰垣入，b. []至公所。(知接)

上述例中的[]代表“零形回指”。回指對象在小句 a 中(例如《孟春》例，小句 b、c、d、e、f 中[]的回指對象的先行詞爲小句 a 中的“天子”)，小句 b、c、d 等通過“零形回指”的方式 與小句 a 組合在一起。

a. 夫馬者，b. 伯樂相[之]，c. 造父御[之]，d. 賢主乘[之]，e. []一日千里。(分職)

a. 登夏屋以望，b. [是]游也。(長攻)

上述例句中的[之]、[是]代表“代詞回指”。回指對象爲 a(或爲外位成分，如《分職》例；或爲小句，如《長攻》例)，小句 b、c 等通過“代詞回指”的方式 與 a 組合在一起。

a. 萬人操弓，b. []共射一招，c. [招]無不中。(本生)

[招]代表“同形名詞回指”。回指對象的先行詞爲小句 b 中的句子成分。小句 b 通過“零形回指”的方式 與小句 a 組合在一起，小句 c 通過“同形名詞回指”的方式 與小句 b 組合在一起。

在一個“主題鏈”中，“零形回指”和“代詞回指”或“同形名詞回指”可以交替使用。如上文的《分職》、《本生》例。又如：

a. 背叛之人，b. 賢主弗内[之]於朝，c. 君子不與[]交友。(尊師)

一個“主題鏈”往往就是一個複句，不能隨意割裂。“主題鏈”主要靠“回指”形式聯繫，因此，在確定句界時，“回指”是重要的形式標誌。

① 參見曹逢甫.《主題在漢語中的功能研究》，語文出版社，1995.

考察《校釋》本和《譯註》本，即使標點不同處，基本上也是遵循這一原則的。例如：

丈人度之，絶江，問其名族，則不肯告，解其劍以予丈人，曰。（異寶）

高誘註："丈人不肯告。"范耕研曰："此似丈人問五員，而五員不肯告。"《譯註》本從高誘註，則"丈人度之，絶江"爲一個"主題鏈"，"問其名族"的"主題"是"五員"，當屬另一個"主題鏈"，因此，"江"後爲句號。《校釋》本從范註，則"丈人度之，絶江，問其名族"爲一個"主題鏈"，因此，"絶江"後不用句號。

2.4.3 採用核心部分省略

當複句內部幾個結構相同（或相近）的小句的核心部分同形時，後續小句的核心部分可以省略。例如：

a. 賢者善人以人，b. 中人[]以事，c. 不肖者[]以財。（贊能）

a. 人傷堯以不慈之名，b. []舜以卑父之號，c. []禹以貪位之意，d. []湯、武以放殺之謀，e. []五伯以侵奪之事。（舉難）

《贊能》例中，b、c 小句省略了述謂中心語"善"及其賓語"人"。"以人"、"以事"之後不能用句號，因爲核心部分省略的句子難以獨立成句，也不能處在發端句的位置上。b、c 小句通過核心部分省略與小句 a 組合在一起。《舉難》例中，b、c、d、e 小句省略了述謂中心語"傷"及其主語"人"。同理，b、c、d、e 小句亦難以獨立成句，而是通過核心部分省略與小句 a 組合在一起。

2.4.4 採用排偶

古人行文，講求排偶形式，常用一組節律齊整、結構相同（或相近）、語義相關的排偶句互相映襯，表達一個相對完整的意思。例如：

善釣者，出魚乎十仞之下，餌香也；善弋者，下鳥乎百仞之上，弓良也；善為君者，蠻夷反舌殊俗異習皆服之，德厚也。（功名）

水泉深則魚鱉歸之，樹木盛則飛鳥歸之，庶草茂則禽獸歸之，人主賢則豪傑歸之。（功名）

五帝先道而後德，故德莫盛焉；三王先教而後殺，故事莫功焉；五伯先事而後兵，故兵莫强焉。（先己）

《功名》前例，從句法層面看，"善釣者，出魚乎十仞之下"、"餌香"等分别是獨立的、完整的主謂結構；該例當由 6 個獨立的、完整的主謂結構組成。從語用層面看，"善釣者，出魚乎十仞之下，餌香也"是一個獨立的、完整的"主題——解釋"；該例當由 3 個獨立的、完整的"主題——解釋"組成。但《吕》各標點本都無一例外地把句界劃在"德厚也"之後。顯然，衆家在確定句界時，所依據的既不是句法標準，也不是語用標準，而是排偶形式。

2.4.5 一個複句内部的小句可以采用一種或多種組合方式

例如：

a. 顔闔守閭，b. [ ]粗布之衣，c. 而[ ]自飯牛。（貴生）

c 小句同時采用了關聯詞語連結和"回指"兩種方式與 a、b 小句組合。

一個多層次的複句内部，不同層次的小句往往采用不同的組合方式。例如：

a. 有能以家聽者，b. 禄[之]以家；c. [ ]以里聽者，d. 禄[之]以里；e. [ ]以鄉聽者，f. 禄[之]以鄉；g. [ ]以邑聽者，h. 禄[之]以邑；i. [ ]以國聽者，j 禄[之]以國。（懷寵）

《懷寵》例由 10 個小句構成，首先，b 小句與 a 小句、d 小句與 c 小句、f 小句與 e 小句、h 小句與 g 小句、j 小句與 i 小句分别靠代詞"之"回指組合在一起，構成第一個層次；然後，小句 c—d、小句 e—f、小句 g—h 和小句 i—j 分别靠核心部分省略組合在一起，構成第二個層次。又如上一小節所舉的《功名》後例和《先己》例，也都是多層次的複句，第一個層次小句靠關聯詞語（"則"、"或"）兩兩組合，第二個層次小句靠排偶形式組合。

綜上所述，"關聯詞語"、"回指"、"核心部分省略"、"排偶"是界定複句句界的重要的形式標誌。

3. 關於存在糾葛現象的幾類句子的界定

上古漢語中的句子複雜多樣，當我們運用語音、句法、語用三個層面的標準去界定《吕》的句子時，發現在句與非句、單句與複句之間仍有不少糾葛難於解決，因爲上古漢語的句界是模糊的，句與非句、單句與複句之間本來就没有一條涇渭分明的界限。但爲了對《吕》的句子進行量化的研究，我們在一一界定《吕》的句子時，又不得不做出一些硬性的規定，以期解決界定句子時存在的種種糾葛現象。

3.1 帶共同狀語的多核心句

這一類句子指幾個含有述謂中心語的語言片斷共承一個狀語。例如：

A. 是月也，安萌芽，養幼少，存諸孤。（仲春）

黄鐘之月，土事無作，愼無發蓋，以固天閉地，陽氣且泄。（音律）

B. 莧譆數犯我以義，違我以禮，與處則不安。（長見）

是月也，無以封侯，立大官，無割土地，行重幣，出大使。（孟秋）

A 組例句具有共同的句首時間狀語，如《仲春》例中的“是月也”，《音律》例中的“黄鐘之月”；B 組例句具有共同的句中狀語，如《長見》例中的“數”，《孟秋》例中的“無”。我們將上述例句視爲複句，並根據帶核心的語言片斷的數目確定其小句的數目。上述例句，確定句界的結果如下：

A.《仲春》1〈3〉，《音律》1〈4〉。

B.《長見》1〈3〉，《孟秋》1〈5〉。①

① 〈〉外數字爲句數，〈〉内數字爲小句數。

考察《吕》,句首時間狀語與句中狀語至少有以下三點不同:(1)共承一個句首時間狀語的多核心句,其含有述謂中心語的語言片斷的數目,從理論上說,是可以無限增加的,如"是月也",後面可以接整段的話語;而共承一個句中狀語的多核心句,其含有述謂中心語的語言片斷的數目是有限的,超過 3 個已屬罕見。换句話説,句首時間狀語所"管轄"的範圍是自由的,而句中狀語所"管轄"的範圍是極其有限的。(2)句首時間狀語後面可以出現語音停頓,像"是月也"中的"也"便是停頓的標誌。這表明句首時間狀語與句子結構核心的關係比較鬆散,而句中狀語則不然。(3)句首時間狀語語義指向超出小句(或"句")的範圍是常例,《吕》中隨處可見;而句中狀語語義指向超出小句的範圍是變例。例如,《吕》中"數"作句中狀語共 24 例,其語義指向超出小句範圍的僅上述《長見》1 例;又如表禁止的"無"作狀語共出現 118 例,其語義指向超出小句範圍的僅上述《孟秋》2 例而已。基於上述不同,在對 A、B 組小句進行語法結構分析時,我們采取了區别對待的原則。帶停頓的句首時間狀語,看做句子的外位成分,在確定句界時劃在小句之外;在分析其所"管轄"的小句(或"句")的結構時,不再予以考慮。例如 A 組的《仲春》例,由 3 個小句組成,小句的語法結構均視爲述賓結構。句中狀語爲句子成分,在分析句中狀語所"管轄"的其他小句的結構時,當補出共同的句中狀語。例如:

無割土地,行重幣,出大使。(孟秋)

⟶無割土地,無行重幣,無出大使。

[無起土功,無發大衆,無伐大樹。(孟夏)]①

這樣,"孟秋"例的 5 個小句,我們都視爲偏正結構。

3.2　由連詞連接的多核心句

連詞包括"而"、"以"、"則"等。下面僅以"而"爲例加以説明。由

① 爲便於把問題闡述清楚,有時我們依據《吕》的語言材料仿造一些格式相同的句子,[]内引例爲仿造的依據。

“而”連接的多核心句可以記作“VP_1 而 VP_2”。①

首先需要説明的是,我們討論的“VP_1 而 VP_2”是獨立的結構,即不被包含在更大的語法結構之中。下面的例句當排除在外:

可襲而篡之。(聽言)

不學而能聽説者。(聽言)

鄉之所謂長有道而息無道、賞有義而罰不義之術不行矣。(振亂)

《聽言》前例,VP_1 而 VP_2(“襲而篡”)包含在述賓結構之中,《聽言》後例,VP_1 而 VP_2(“不學而能聽説”)包含在“者”字結構之中,《振亂》例,VP_1 而 VP_2(“長有道而息無道、賞有義而罰不義”)包含在偏正結構之中。

考察《吕》,VP_1 而 VP_2 大致可分爲三類,分别舉例如下:

A. 豫讓,國士也,而猶以人之於己也為念。(不侵)②

時已徙矣,而法不徙。(察今)

豈不獲得?而明年無魚。(義賞)

A 組例句“而”前必有停頓(《校釋》本、《譯註》本均點斷)。

B_1. 王叱而起。(至忠)

荀息操璧牵馬而報。(權勛)

B_2. 脣竭而齒寒。(權勛)

狸處堂而衆鼠散。(貴當)

我寒而不我衣,我饑而不我食。(不侵)

B 組例句“而”前没有停頓(《校釋》本、《譯註》本均不點斷)。

C_1. 賢主勞於求人,而佚於治事。(士節)

故古之善為君者,勞於論人,而佚於官事。(當染)

按:《譯註》本“而”前未點斷。

虞公弗聽,而假之道。(權勛)

① VP 代表含述謂中心語的語言片斷。

② 《不侵》例中,“而”前是名詞謂語句,亦屬含述謂中心語的語言片斷,衹不過述謂中心語不是由動詞充任,而是由名詞充任罷了。

秦勝於戎而敗乎殽,楚勝於諸夏而敗乎柏舉。(義賞)

按:《譯註》本“而”前均點斷。

C_2. 荆人畏鬼,而越人信機。(異寶)

是故百仞之松,本傷於下,而末槁於上。(先己)

按:《譯註》本“而”前未點斷。

C組例句“而”前有無停頓,《校釋》本、《譯註》本有時並不一致。

考察《吕》,“而”前有無停頓一般取决於以下因素:(1)停頓標誌。如果 VP_1 後有停頓標誌,如《不侵》、《察今》例中的“也”、“矣”,那麽“而”前必有停頓。(2)語氣差異。如果 VP_1 與 VP_2 具有明顯的語氣差異,如《義賞》例中的 VP_1 表達的是反問語氣,VP_2 表達的是陳述語氣,那麽“而”前必有停頓。(3)結構關係。如果 VP_1、VP_2 之間具有修飾關係,“而”前没有停頓。如 B_1 中的《至忠》、《權勛》例。如果 VP_1 和 VP_2 是並列關係,當依 VP 音節的多少而定。(4)音節數目。VP(VP_1 或 VP_2)的音節小於 3 個,“而”前極少停頓,如 B_2 中的《權勛》例。VP(VP_1 或 VP_2)的音節達到 3 個,“而”前一般不停頓,如《貴當》例;但也可以停頓,如《權勛》例。VP(VP_1 或 VP_2)的音節達到或超過 4 個,“而”前以停頓爲宜。

在界定句子的具體操作中,有停頓的 VP_1 而 VP_2,如 A 組、C 組例句,我們歸入複句;没有停頓的,根據 VP 的結構分爲二類:B_1 類,VP_1、VP_2 具有共同的主語,我們視爲單句;B_2 類,VP_1、VP_2 主語不同,“而”所連接的是各自獨立的主謂結構,盡管有時主語不一定在該語言片斷中出現,如《不侵》例,我們將其視爲緊縮句。①

3.3 被代詞回指的、含核心的語言片斷

被代詞回指的、含核心的語言片斷,按代詞回指範圍的不同可以分爲兩類。分别舉例如下:

---

① 緊縮句介乎單句和複句之間。它具有單句的語音形式,却又包含着複句的結構,表達複句的關係。在界定句子時,我們將其視爲小句(或句)。

A. 嚴罰厚賞,此衰世之政也。(上德)

登夏屋以望,是游也。(長攻)

王不受笞,是廢先王之令也。(直諫)

A 組例句,代詞回指的是整個含核心的語言片斷。

B. 惠公死,圉立為君,是為懷公。(原亂)

B 組例句,代詞回指的祇是含核心的語言片斷中的某個詞語。

B 組例句,被回指的語言片斷自成小句當無疑問。難於處理的是 A 組例句。有人把 A 組例句中被回指的語言片斷看做句子的成分,從而把 A 組例句劃入單句。① 我們認爲,如果僅就上述 3 例而言,被回指的語言片斷祇有 1 個,那麽,將其劃入單句並無不可。但是,考察《吕》,如果把 A 組例句一律劃入單句,將會遇到很多麻煩。

首先,被回指的、含核心的語言片斷往往不止一個。例如:

有間,西河畢入秦,秦日益大,此吴起之所先見而泣也。(長見)

治唐圃,疾灌寖,務種樹,織葩屨,結罝網,捆蒲葦;之田野,力耕耘,事五穀;如山林,入川澤,取魚鱉,求鳥獸;此所以尊師也。(尊師)

按:《譯註》本《長見》、《尊師》2 例"此"前均爲句號。

周,千乘也,重過萬乘也,令秦惠王師之,逢澤之會,魏王嘗為御,韓王為右,名號至今不忘,此張儀之力也。(報更)

按:《譯註》本"萬乘也"、"師之"後均爲句號。

吾地不淺,吾民不寡,戰而不勝,是吾德薄而教不善也。(先己)

被回指的含核心的語言片斷,《長見》例 2 個,《尊師》例 13 個,《報更》例 6 個,《先己》例 3 個。

其次,被回指的語言片斷不僅自身結構複雜多樣,而且組合層次也不單一。

鑒於上述情況,我們認爲,把 A 組例句一律劃入複句麻煩會相對

① 見王力主編《古代漢語》,中華書局,1981,P243.

少一些。因此，在界定句子的具體操作中，我們依照以下原則：被代詞回指的語言片斷，祇要其結構中含有述謂中心語，一律視爲小句。

用於回指的代詞有時不出現(采用“零形回指”的方式)。例如：

天子入太學，祭先聖，則齒嘗為師者弗臣，[]所以見敬學與尊師也。(尊師)

依上文確立的原則，《尊師》例劃入複句，由 4 個小句組成。回指成分出現與否不影響句界的確定。

基於同樣的考慮，我們把下面一類句子也劃入複句。例如：

千里而有一士，比肩也。(觀世)

流水不腐，户樞不螻，動也。(盡數)

知大禮，雖不知國，可也。(不廣)

代詞回指都是承前的，即被回指的語言片斷在前，回指成分在後。《吕》中，也偶有代詞在前，反指後面語言片斷的現象。例如：

臣聞之：國之興也，天遺之賢人與極言之士；國之亡也，天遺之亂人與善諛之士。(先識)

依上文確立的原則，《先識》例劃入複句，由 5 個小句組成。

3.4 帶停頓的“主・之・謂”句

考察《吕》，帶停頓的、結構爲“主・之・謂”(下文記作“S 之 P”，P 包括介詞短語)的語言片斷大致可以分爲三類，分别舉例如下：

A. 凡國之亡也，有道者必先去，古今一也。(先識)

野人之以兩版垣也，吴起變之而見惡。(義賞)

凡帝王之將興也，天必先見祥乎下民。(應同)

禹之决江水也，民聚瓦礫。(樂成)

A 組例句中，“S 之 P”後鄰接的小句爲主謂句，“S 之 P”中的 S 與其後小句的主語不同。

B. 凡鳥之舉也，去駭從不駭。(審應)

凡兵之用也，用於利，用於義。(應同)

宋之衰也，作為千鍾。(侈樂)

后之伐桀也，謀乎我，必以我為賊也。（離俗）

B組例句中，“S之P”後鄰接的小句主語因與“S之P”中的S相同，而采用“零形回指”的方式。

C. 顔回之於孔子也，猶曾參之事父也。（勸學）

郼岐之廣也，萬國之順也，從此生矣。（高義）

聖人之見時，若步之與影不可離。（首時）

C組例句中的“S之P”整個結構充當鄰接小句的主語，如《勸學》例中的“顔回之於孔子也”充當“猶曾參之事父也”的主語。

在界定句子的具體操作中，我們把A、B兩組中的“S之P”視爲小句，而把C組中的“S之P”視爲句子成分。

值得注意的是，結構爲“S之P”的語言片斷，無論是《校釋》本，還是《譯註》本，常由於其後鄰接的語言片斷音節較少（一般不超過3個音節）而不點斷，盡管有時“S之P”後還帶有停頓的標誌“也”。例如：

A′ 鏡之明己也功細，士之明己也功大。（達鬱）

B′ 子反之為人也嗜酒。（權勛）

C′ 吳之亡也猶晚。（適威）

根據我們上文確定的原則，A′句、B′句爲緊縮句，C′句爲單句。

3.5 多停頓的兼語句

兼語句的基本句式可以記作“V_1（動$_1$）—O_j（兼語）—V_2（動$_2$）”。簡單的兼語句內部没有停頓。例如：

命人社。（仲春）

荆王請養由基射之。（博志）

使烏獲疾引牛尾。（重己）

內部没有停頓的兼語句自然是一個小句（或單句）。但《吕》中，內部有停頓的兼語句隨處可見。例如：

命工師，令百工，審五庫之量。（季春）

按：《譯註》本“師”、“工”後未點斷。

乃命有司，趣民收斂，務蓄菜，多積聚。（仲秋）

按:《譯註》本"有司"後亦未點斷。

令民無刈藍以染,無燒炭,無暴布。(仲夏)

有一婦人逾垣入,至公所。(知接)

使君臣有義,父子有序。(執一)

上述例句,兼語之後有的出現了幾個動詞短語,或並列,如《仲夏》例;或連動,如《知接》例;有的兼語式套兼語式,如《季春》、《仲秋》例;還有的一個兼語動詞直貫兩個並列的兼語結構,如《執一》例。總之,兼語句内部的複雜化,導致了多停頓的兼語句。

如何界定多停頓的兼語句的句界,我們將面臨二種選擇:

(一) 采用省略説。即認爲兼語後的一系列動詞短語之前,均省略了兼語動詞及兼語,在界定句界時應予補出。這種處理辦法可以記作:

$V_1—O_j—V_2—V_3—V_4\cdots\cdots V_n$

$\longrightarrow V_1—O_j—V_2—(V_1—O_j)—V_3—(V_1—O_j)—V_4\cdots\cdots(V_1—O_j)—V_n$

依這種處理辦法,多停頓的兼語句當視爲複句。該複句由語義相關的、結構相同(或相近)的若干兼語小句組成,發端小句爲完全兼語小句,後續小句均爲不完全兼語小句。

(二) 采用兼語動詞中心説。即認爲多停頓的兼語句其核心仍是兼語動詞;兼語後的一系列動詞短語,無論在結構上,還是在語義上,都受到兼語動詞的控制,是不獨立的,它們以整體板塊的形式充當兼語句的成分。這種處理辦法可以記作:

$V_1—O_j—V_2—V_3—V_4\cdots\cdots V_n$

$\longrightarrow V_1—O_j—(V_2—V_3—V_4\cdots\cdots V_n)$

依這種處理辦法,多停頓的兼語句當視爲單句(或小句)。

在界定多停頓的兼語句的句界時,我們選擇了前者,即"省略説"。之所以這樣選擇,是考慮到:

1."省略説"可以從《吕》語言材料中找到根據。《吕》中,一個兼語動詞直貫幾個並列的兼語結構,亦偶見兼語動詞重出者。例如:

使公毋忘出奔在於莒也,使管仲毋忘束縛而在於魯也,使甯戚毋忘其飯牛而居於車下。(直諫)

據《直諫》例，上文中所舉《執一》例可以記作：

使君臣有義，父子有序。（執一）

⟶ 使君臣有義，使父子有序。

2. “省略説”符合語言的經濟原則。在言語中，若干連續鋪排的、結構相同（或相近）的小句，其後續小句與發端小句相同的部分，無論是主語，還是賓語、狀語，甚至述謂中心語都可以省略。這種現象在《吕》中亦隨處可見（參見 2.4）。

3.《吕》中，多停頓的兼語句所包含的語言片斷的數目最多可達到 9 個，從理論上説，這個數目可以無限擴大。按“省略説”處理，可以有效地限制小句的長度。

3.6 帶引語的“曰”字句

傳統句讀將帶引語的“曰”字句分爲二種情況：一是“曰”後有讀，一是“曰”後無讀。這其中的分别，元人程瑞禮説得很清楚：“曰字是作本書者記當時對面答問之辭者，並作句。曰字是援引他書、他曰，他人之言，止作言字説者，並無點。有句長欲讀者，寧讀於上文，仍以曰字連下文。”①考察《吕》的“曰”字句，“曰”後也有點斷、不點斷二種情況。分别舉例如下：

A. 昭王曰：“薛之地大小幾何？”公孫弘對曰：“百里。”（不侵）

吴起號乎曰：“吾示子吾用兵也。”（貴卒）

平公曰：“善。”（去私）

A 組例句，“曰”後點斷。

B. 人曰“蚩尤作兵”，蚩尤非作兵也，利其械矣。（蕩兵）

昭王固非曰“我知聖也”耳，問曰“先生其聖乎”，己因以知聖對昭王。（審應）

故曰“攻原得衛”者，此之謂也。（為欲）

① 見《程氏家塾讀書分年日程》卷二。轉引自鄭奠、麥梅翹.《古漢語語法學資料匯編》，中華書局，1964. P210.

B組例句,“曰”後不點斷。

關於“曰”後引語的處理,至少有以下幾種意見:

(1) 看做“曰”的賓語;①

(2) 把“曰”及其引語看做“小句的複合體”;②

(3) 把“曰”與其後的引語看做是不同層面的述説,而分別算句;③

(4) 看做“插入語”。④

關於A組例句,在確定句界時,我們采用邢説,即“曰”與其後的引語屬不同層面的述説,當分別算句。把A組句中“曰”後的引語看做“曰”的賓語,至少有以下三方面的不妥:

(1) “曰”是説話人的動作,是直述,“曰”後的引語是轉述;

(2) “曰”後的引語可以很長,很複雜,如《本味》篇,伊尹説湯以至味,“對曰”之後引語達六百餘字,如果衹是簡單地把它看做句子的一個成分,把“曰”及其引語部分的六百餘字看做一個單句,人們在心理上很難接受;

(3) 簡單地把“曰”後的引語看做句子的一個成分無益於句子的定量研究。

關於B組例句,我們把“曰”後的引語看做“曰”的賓語。

《吕》中,還有一種“曰”字句介乎A、B組例句之間,這就是援引他書句。例如:

《詩》曰:“不敢暴虎,不敢馮河。人知其一,不知其他。”此言不知鄰類也。(安死)

《詩》曰:“淑人君子,其儀不忒。其儀不忒,正是四國。”言正諸身也。(先己)

---

① 管燮初在《左傳句法研究》一書中説:“謂語主要成分‘曰’造成的句子,賓語可以很長,但是整句衹作爲一個句子。”安徽教育出版社,1994. P7.

② 見胡壯麟.《小句與複句》,載《語言係統與功能》,北京大學出版社,1990.

③ 見邢福義.《漢語複句與單句的對立和糾結》,載《語法問題思索集》,北京語言學院出版社,1995. P224.

④ 見孫也平.《用作提引或説明的“某某説”之類》一文,載《中國語文通訊》,1982(2).

從形式上看,“曰”後有停頓,是A組句;但從意義上看,這種援引他書句意思往往是不完整的,它或者引出話題,或者援引論據,目的是要説明甚麽,證明甚麽。① 這又與B組句相當。在確定句界時,我們把這種援引他書句看做複句。援引他書的引文部分是句子的“主題”,評述部分是句子的“解釋”。評述部分自成小句,援引他書的引文部分的内部結構依A組句分析。

3.7 動詞後附着多個含核心的語言片斷

請看下面的例句:

A. 吾聞祥者福之先者也,見祥而為不善則福不至;妖者禍之先者也,見妖而為善則禍不至。(制樂)

B. 今昔天子夢西方有日,東方有日,兩日相與鬥,西方日勝,東方日不勝。(慎大)

C. 解在乎薄疑説衛嗣君以王術,杜赫説周昭文君以安天下,及匡章之難惠子以王齊王也。(諭大)

上述例句中,充當述謂中心語的動詞(如“聞”、“夢”、“在”)之後,都附着多個含核心的語言片斷。從理論上説,這類含核心的語言片斷的數目也可以無限擴展。但小句的長度是有限的,因此,盡管充當述謂中心語的動詞的語義轄域覆蓋了其後幾個含核心的語言片斷,但在結構上不宜把那幾個含核心的語言片斷都視爲動詞的賓語。

A、B、C三例的區别在於:A例動詞“聞”後的幾個含核心的語言片斷可以用代詞“之”反指。即:

吾聞祥者福之先者也……→ 吾聞之,祥者福之先者也……

[A′臣聞之:國之興也,天遺之賢人與極言之士;國之亡也,天遺之亂人與善諛之士。(先識)]

B、C例未見有代詞反指者。B例幾個含核心的語言片斷在語義上

① 《吕》中,也有援引他書的“曰”字句位於段落結尾、獨自成句者。如《行論》篇中的“《詩》曰:‘惟此文王,小心翼翼。昭事上帝,聿懷多福。’”但衹是特例。

是連貫的，而 C 例幾個含核心的語言片斷在語義上則是並列的。

關於《先識》例，在 3.3 節中已經涉及，我們將其視爲複句，由 5 個小句組成。鑒於：(1) A ⟶ A′，(2)《吕》各標點本均未在“聞”後點斷，(3)句界當劃在語音停頓處；所以 A 例也宜視爲複句，當由 4 個小句組成。至於 B、C 例，在界定句子的操作中，我們一律按 A 例處理，視爲複句①，並據含核心的語言片斷的數目確定其小句的數目。

4. 結語

依照本書界定句子的標準，《吕》中，共有小句 17716 個，句子 7708 個(其中單句 3005 個，複句 4703 個)。

附：《校釋》本、《譯註》本標點不同之處統計表

《校釋》句號 《譯註》逗號(或分號)	《校釋》逗號(或分號) 《譯註》句號	《校釋》未點斷 《譯註》點斷	《校釋》點斷 《譯註》未點斷	其 他
454	652	502	205	478

① 關於動詞後附着多個含核心的語言片斷的句子的處理，至今衆說不一。有的語法著作稱之爲“單段施事句”，申小龍.《中國句型文化》，東北師範大學出版社，1988. P190. 有的稱之爲“賓語爲複句”，楊伯峻、何樂士.《古漢語語法及其發展》，語文出版社，1992. P914. 有的將“吾聞”之類稱爲“獨立成分”，胡裕樹主編.《現代漢語》，上海教育出版社，1979. P340.

【贰】 關於《吕氏春秋》句型研究的若干問題

句型研究在上古漢語語法研究中有着極其重要的地位。然而,有關句型的一些基本理論問題,諸如:句型的界説,確立句型的原則,句型成分與非句型成分的界定,句型與句子成分及層次的關係,句型與句型變體,等等,尚缺乏深入的探討。爲了建立起能够基本上反映周、秦之交漢語面貌的《吕》句型係統,我們有必要首先就上述有關句型的基本理論問題進行探討,以闡明我們關於句型研究的基本觀點。

1. 句型的界説①

句型是甚麼?漢語語法學界對這個問題的看法至今衆説紛紜,莫衷一是。歸納起來,大致有兩種主張:

一種主張認爲:句型是一個狹義的概念。句型專指句子的語法結構類型。②

一種主張認爲:句型是一個廣泛的概念。句型是句子的類型,是語

① 參見王希傑.《論句型》,載《南京大學學報》,人文哲社版,1989(6).

② 參見張滌華、胡裕樹等主編.《漢語語法修辭詞典》,安徽教育出版社,1988. P239.又見李臨定.《劃分句型的原則和標準》,載《句型和動詞》,語文出版社,1987.

音、語義、句法、語用的綜合。①

我們贊同前一種主張,即把句型限定在句子的語法結構類型這一意義上,例如:主謂結構、偏正結構、動賓結構、動補結構等。這是由我們研究句型的目的所決定的。我們研究句型的目的在於建立一個句型係統,這個係統應該能够比較充分地反映出句子構造的規律。因此,句型衹與詞類、語序、句法結構關係、句法成分等有直接關係;而一切與句子的語法結構無關的因素,例如:語氣、語音、語境、表達功能等,都不應影響句型的劃分,都應排除在句型要素之外。

句子有單句(衹包含一個小句)、複句(包含二個或二個以上的小句)之分。目前,關於複句的分析,例如"選擇"、"遞進"、"條件"、"轉折"、"讓步"之類,都衹是小句之間語義關係的分析,與句子的語法結構無關;在語法結構關係上,小句與小句之間彼此是獨立的。因此,根據我們關於句型的界説,句子雖有單句、複句之分,但句型衹設小句句型而已。

2. 句型的層次

構成句子的各種成分並非分佈在一個層面上,句子的語法結構是有層次的。作爲句子結構模式的句型應該能够體現出句子的結構層次,因此,句型也是有層次的。句型當據句子的結構層次而層層確定。反映句子第一個層面的句型,我們稱之爲上位句型;反映句子第二個層面的句型,爲下位句型;下位句型之下又有下位句型,等等。由此而構成一個具有上下位關係的、有層次的句型係統。

句子的語法結構是有核心的。主謂結構、動賓結構、動補結構的

① 參見史有爲.《句型的要素、變體和價值》一文,載《句型和動詞》。又參見邢福義.《論現代漢語句型係統》一文,載《語法研究和探索》(一),北京大學出版社,1983.

核心是述謂中心語，偏正結構的核心是中心語。在層層確定句型時，我們始終把視點聚焦在語法結構的核心部分，采取“向心切分”的原則，即每一次切分都是在上一次切分出來的兩部分中的核心部分進行，依次切分下去，直至切分出句子的核心。

句子的語法結構有内層結構和外層結構之分。含結構核心的主謂結構屬内層結構，主謂結構之前的獨立成分、提示成分、修飾成分等屬外層結構。外層結構與内層結構之間往往有停頓。句型當據句子的内層語法結構確定。

上位句型是最抽象的、最簡單的。例如“主謂句”與“非主謂句”。但上古漢語的句型係統僅有上位句型顯然是不够的，因爲它無法説明複雜的語言現象。因此，上位句型必須作進一步的分析。例如“主謂句”由主語、謂語兩部分直接組合而成。盡管充當主語的成分可能是個複雜的結構，盡管主語部分也可以作進一步的分析，但我們在確定句型的時候，衹把視點聚焦在謂語部分。① 這是因爲：謂語不僅是句子語法結構的核心，而且也是句子語義結構的核心；謂語的性質和語法功能決定着句子的基本格局。根據結構核心的性質，“主謂句”可分爲“名詞謂語句”、“動詞謂語句”、“形容詞謂語句”、“主謂謂語句”等類型；“名詞謂語句”等雖然與“主謂句”都處在句子切分的第一個層面上，但它們是上位句型的次類，我們稱之爲中位句型。下位句型是在對中位句型的核心部分作進一步切分而確立的。例如“動詞謂語句”，根據動詞謂語的語法功能，又可確立“動賓句”、“動補句”等下位句型。“動賓句”根據動詞謂語可帶賓語的性質、數量的不同仍可繼續分類。“名詞謂語句”、“形容詞謂語句”則無上述下位句型。由此可見，不同的上位句型(包括其次類)具有不同的下位句型(包括其次類)，不同層面的句型具有不同的結構成分。在句型係統中，處於下位的句型往往更能顯示出句子的格局。

句型的層次是有限的。句型的層次不僅取決於語法結構的性質，

---

① 邢文(見 P36 注)提出，“主謂句可以從六個角度分類”，並在“主謂句”下分出“體詞性主語句”、“動詞性主語句”等下位句型。我們未采用邢説。

還取决於我們建立句型係統的目的。句型的層次與語法結構的層次分析雖然有一致性,但不完全同步。這是因爲:

(1) 語法結構的層次分析一般要切分出該結構的每一個詞,不僅分析結構的核心部分,還要分析非核心部分,因此,這種分析是多向的。而我們確立句型時,正如上文所説,是採用"向心切分"的原則,分析的終極目的衹是切分出充當述謂中心語的核心詞(或以該詞爲中心語的偏正結構),因此,這種分析是單向的,是有限度的(切分一般不超過三次)。

(2)語法結構的層次分析着重分析結構關係,一般不大注重結構成分性質的考察,結構層次取决於切分的次數。而在確定句型時,由於語法結構關係和充當語法結構成分的材料的性質决定着該語法結構的特點,這就决定了我們在分析語法結構時要從這兩個角度去觀察。例如,上位句型中的"主謂句",就是從分析結構關係的角度確立的,而"主謂句"的次類,如"名謂句"、"動謂句"、"形謂句"等中位句型,則是從分析充當謂語的詞類(或詞的次類)的性質確立的。這就出現了切分一次却出現了兩級句型的情況。因此,句型的層次與語法結構分析的層次不完全同步。

3. 句型的成分

傳統語法分析中的六大句子成分是否都是句型成分?目前語法學界的看法並不統一。誠如上文所説,六大句子成分處在句子結構的不同層面,對句子格局的影響不同,因此,它們在句型係統中具有不同的價值。

述謂中心語是語法結構的核心,没有了它,其他成分都無所依附,整個結構就會散架;句子的基本格式中,其他句型成分的有無,歸根到底,取决於述謂中心語,取决於充當述謂中心語的詞類(包括詞的次類)的性質及其語法功能;因此,述謂中心語是句型(無論是上位句型,還是下位句型)中最重要的成分。主語是圍繞結構核心最穩定的成分(《呂》的句子絶大多數是主謂句便是明證),主語的有無直接影響着句子的基本格局,因此,是上位句型中僅次於述謂中心語的重要成分。賓語(包括準賓語)與主語不處在同一個層面上。賓語是述謂中心語最重要的後附成分,賓語的有無、賓語的數量、賓語的性質都對句子的格局產生重要影響。因此,賓語是下位句型中重要的成分。補語也是述謂中心語的後附成分,由於上古漢語的補語(指直接補語)很不發達,因此,補語雖與賓語一樣,同是下位句型中的成分,但對句子的格局影響有限。狀語有句首時空狀語與句中狀語之分。句首時空狀語,例如"是月也"之類,幾乎可以出現在所有的"動謂句"之前,距離結構核心最遠,聯繫也最爲鬆散,其與句子結構的核心部分常有語氣詞隔開,屬於句子的外層結構成分,因此,它的有無基本上不影響句型。① 至於句中狀語,雖屬句子的内層結構成分,一般地説,不是句子的直接成分,與句子的格局没有直接的關係。定語與結構核心不發生直接的關係,也不是句子的直接成分,也與句子的格局無關。

綜上所述,六大句子成分中,祇有"述謂中心語"、"主語"、"賓語"和"補語"直接關涉到句子格局,是句型成分;"狀語"和"定語"是非句型成分。

句型成分在句型中的價值存在着差異,大致可以描寫如下:

述謂中心語＞主語＞賓語＞補語

序列左邊的成分在句型係統中的價值高於右邊的成分。句型係統中的任何層面都有述謂中心語、主語("非主謂句"除外),但賓語、補語衹出現在下位句型中。

---

① 胡裕樹.《試論漢語句首的名詞性成分》一文稱之爲句子的外層結構成分,並認爲句子的内層結構是區别句型的根據。

4. 句型變化

4.1 基本句型與句型變體

句型變體是相對基本句型而言的。基本句型的確立取決於語法結構核心的性質和語法功能。例如：由及物動詞中的真他動詞充當述謂中心語可以構成以下句式：①S－PV－O、(　　)－PV－O、S－PV－(　　)、S－O－PV、(　　)－O－PV、(　　)－PV－(　　)等。②

在上述句式中，究竟應當選取哪一個作爲基本句型呢？我們認爲，基本句型應當具備以下條件：

(1) 基本句型應當由"核心"＋"非核心句型成分"組成，應當包含該"核心"能够聯繫的所有的句型成分；

(2) 基本句型，就其語法結構來説，不是由其他句式派生出來的；

(3) 基本句型應當是自由(或比較自由)的。

上述句式中，衹有 S－PV－O、S－O－PV 符合第一個條件；然而，在上古漢語中，S－O－PV 是不自由的，是有條件的(或是否定句中代詞充當賓語；或是疑問代詞充當賓語；或是句中具有"之"、"是"等語法標記等等)，顯然，S－O－PV 衹是 S－PV－O 在一定語法條件下 O 向前移的產物。因此，由真他動詞充當述謂中心語的基本句型我們確定爲 S－PV－O。至於其他句式，可以説，是由基本句型 S－PV－O 派生出來的。我們把這些由基本句型派生出來的句式通稱之爲句型變體。

由性質和語法功能不同的結構核心構成的句型具有不同的句型變

① 關於動詞的分類，詳見殷國光.《〈吕氏春秋〉詞類研究》中的"動詞研究"一章，華夏出版社，1997.3.

② 本書所用的標引符號詳見 6.1 節。

體。例如由名詞充當述謂中心語,基本句型爲 S－PN,其句型變體衹有(　　)－PN 、PN－S。

句型變體與基本句型之間、句型變體與句型變體之間語義結構相同,語法結構關係或異。例如:

禽夫差,戮吴相(順民)⟶夫差禽,吴相戮

[故龍逢誅,比干戮,箕子狂,惡來死。(必己)]①

上述句子間的轉换可以描寫爲:

(　　)－PV－O⟶So－PV

句子的真賓語 O 通過位移而轉换爲主語 So。需要指出的是,《吕》中這種轉换是不自由的。首先,So－PV 出現頻率很低;其次,這種轉换必須在充當述謂中心語的動詞前後没有附加成分(如狀語、補語)的條件下纔可以實現,極少例外。又如:

告我憂也(知分)⟶告我以憂[告之以遠。(知接)]

⟶以憂告我[文公以咎犯言告雍季。(義賞)]

上述句子間的轉换可以描寫爲:

(　　)－PV－O_1－O_2⟶

(　　)－PV－O－C ⟶(　　)－PV－O

前者,述雙賓句真賓語前增添介詞,轉换爲述賓補句;後者則轉换爲述單賓句。

4.2　基本句型的派生方式

基本句型通過增添、省略、移位等方式派生出句型變體。分述如下:

4.2.1　增添

例如:

---

① 爲了便於説明問題,有時我們不得不依據《吕》的語言材料仿造一些句子,例如文中的"夫差禽,吴相戮",[]中的例句爲仿造的依據。

S－PV－O⟶A_d－S－PV－O

天子嘗新。(孟秋)⟶是月也,天子嘗新。

[是月也,天子飲酎。(孟夏)]

增添"句首時間狀語"。

S－PV⟶S－A_d－PV

夫差禽,吴相戮。⟶夫差為禽,吴相為戮

[越王弗與,乃攻之,夫差為禽(長攻)]

增添"被動標誌詞"。

4.2.2 省略

例如:

S－PV－O－C⟶S－C

賢者善人以人。(贊能)⟶賢者以人

[賢者善人以人,中人以事,不肖者以財。(贊能)]

省略"核心"及"賓語"。又如:

S－PV—O_1－O_2⟶S－PV－O_1/S－PV－O_2

子與我衣。(長利)⟶子與我[不與其子而授舜。(去私)]

⟶子與衣[宣孟與脯。(報更)]

省略"直接賓語"或"間接賓語"。

4.2.3 移位

例如:

S－PV－O⟶S－O－PV

(今君聽讒人之議而)不知我 。(觀世)⟶不我知[我寒而不我衣。(不侵)]

"賓語"前移至"述謂中心語"之前。又如:

S－PN⟶PN－S

由與賜,小人也。(慎人)⟶小人哉,由與賜也[小人哉,寬也。(長利)]

"名詞謂語"前移至"主語"之前。

4.3 基本句型的繁化

4.3.1 基本句型都是單核心的

單核心的基本句型可以繁化爲多核心的複雜句型。多核心的複雜句型指一般語法著作中提及的並列謂語句、連謂句（包括連動句、兼語句）等。從生成的角度來看，多核心的句型是由基本句型加合壓縮而成的。① 多核心的句型可以記作：

$S-PV_1-PV_2$……（PV 這裏也包括充當核心的名詞 PN、形容詞 PA）

多核心句型中的核心數目一般不超過 3 個。多核心句型根據其核心的主語的同異，大體可以分爲兩類：

A. 多個核心共承一個主語。其生成過程可以記爲：

$S_1-PV_1+S_1-PV_2 \cdots\cdots \longrightarrow S-PV_1-PV_2 \cdots\cdots$

B. 後一核心的主語與前一核心的賓語相同。其生成過程可以記爲：

$S_1-PV_1-O+S_2-PV_2 \cdots\cdots \longrightarrow S-PV_1-O-PV_2 \cdots\cdots$

A 類句型與 B 類句型至少有以下三點不同：

(1) A 類句型，幾個核心詞的語法地位是相等的，任何一個核心詞（如 V_1 或 V_2）都可以脱落，從而轉化爲基本句型。即：

$S-PV_1-PV_2 \longrightarrow S-PV_1$ 或 $S-PV_2$

B 類句型，幾個核心詞的語法地位是不等的，V_1 無論在句法層面，還是語義層面都控制着 V_2，是真正意義的核心，不能脱落。即：

$S-PV_1-O-PV_2 \longrightarrow S-PV_2$

因此，V_2 衹能算是準核心。嚴格地説，B 類句型並不是真正的多核心句。

① 參見施關淦.《動詞謂語句句型簡論》，載《語法研究和探索》(七)，商務印書館，1995.

(2) A 類句型,核心可以是動詞,也可以是名詞、形容詞。B 類句型,核心(V_1)衹能是真他動詞中的一個小類。

(3) A 類句型,動詞核心在加合壓縮的過程中有些可以藉助連詞("而"、"以"等),有些不可以;藉助連詞與否,既與動詞核心之間的關係(語法關係、語義關係)有關,又與核心動詞的小類有關。至於名詞核心、形容詞核心在加合壓縮的過程中一般都要藉助連詞。B 類句型,動詞核心在加合壓縮的過程中不能藉助連詞。例如:

A 類多核心句:

夫孝,三皇五帝之本務而萬事之紀也。(孝行)核心爲 N

其器廉以深。(孟秋) 核心爲 A

吾將興甲兵以殺之。(慎行) 核心爲 V

故古之聖王審順其天而以行欲。(為欲) 核心爲 V

(以上藉助連詞。)

伯牙破琴絶弦。(本味) 核心爲 V

公如囿射鴻。(慎小) 核心爲 V

(以上不用連詞。)

B 類多核心句:

荆王請養由基射之。(博志) 核心爲 V

無忌勸王奪。(慎行) 核心爲 V

乃命有司趣民收斂。(仲秋) 核心爲 V

(不能用連詞。)

4.3.2 盡管 $S-PV_1-PV_2$ 是由基本句型加合壓縮而成的,但我們仍將其列入《吕》的句型係統,主要基於以下考慮:

(1)$S-PV_1-PV_2$ 句式在甲骨文中即已産生,由來已久。① 如:

王涉歸。(殷墟書契前編)119

① 王力先生在《漢語語法史》中説:"大概在原始漢語裏就有了這種結構形式(按,指'連動式')。"P357. 又説:"遠在上古時代,遞係式就産生了。"P406. 王力文集. 第十一卷。

王往伐邛方。(殷契粹編)1095

帝及四夕令雨。(甲骨文合集)14138

王令弜伐先。(殷契佚存)383

(2)《吕》中,S－PV_1－PV_2 句式隨處可見,這表明,該式爲常式,當以基本句式看待。

4.4 基本句型向短語的轉换

基本句型可以藉助助詞"之"轉换爲短語。例如:

S－PA→S－之－PA

周衰矣。(誠廉)→周之衰。

[宋之衰也,作為千鍾。(侈樂)]

S－PV→S－之－PV

五員亡。(異寶)→五員之亡。

[嬰之亡豈不宜哉。(士節)]

S－PV－O→S－之－PV－O

我有子弟。(樂成)→我之有子弟。

[民之有威力,性也。(蕩兵)]

轉换爲短語的 S－之－PV、S－之－PV－O 等不能獨立成句,或爲句子成分,或爲黏着型小句。

5. 確定句型的原則

5.1 語義在句型研究中的地位

研究語法結構離不開語義,因爲没有語義的參與,就不可能對漢語的語法結構做出正確的分析。那麽,語義在句型研究的過程中究竟處在甚麼位置？語義是否是句型要素？此外，語義範疇的劃分也是或粗或細，語義也有層次之分，研究句型，如果需要考慮語義，那麽，需要考慮到甚麽程度？在現代漢語句型的研究中，不少語言學家都把語義作爲句型要素。比如，陳建民先生提出，"句型越往下分，語義的考慮將越來越多於語法的考慮"，①因而分出了"施事主語句"、"受事主語句"等下位句型；李臨定先生的"現代漢語句型"也有"N 施"、"N 受"等術語。我們認爲，語法結構與語義盡管有着密切的關係，但畢竟是不同層面的東西。一種語法結構可以表示多種語義；同樣，一種語義也可以由不同的語法結構表示。既然句型是句子語法結構的類型，因此，在確立基本句型時，祇能以語法結構作爲標準，語義當屬非句型要素。但是，我們也應看到，在句型研究中，尤其是研究句型的派生，如果完全不考慮語義，那麽，有些有特點的句型變體則難以劃分出來，一些多義格式將無法分化。例如，由真他動詞充當述謂中心語構成的兩類主謂句："施事主語句"(S 施—PV)和"受事主語句"(S 受—PV)。前者可以有以下變式：S 施—PV—O、( )—PV、S 施—O—PV，等等；後者則不可。後者可以增添某些被動標記，如：S 受—爲/ 見—PV，而前者不可。之所以如此，正在於它們具有不同的語義結構。因此，由真他動詞構成的主謂結構，是一個多義格式，像下面的句子，脱離了語境，都可以有兩種解釋：

(賢主得賢者而)民得，(民得而城得，城得而地得)。(先識)

父誅(而代之)。(當務)

"民得"既可以解釋爲"民得某物"(如上文"賢主得賢者")，也可以解釋爲"民被得到"(如下文"民得而城得，城得而地得")。"父誅"同。如果我們在研究句型時，引入"施事"、"受事"語義範疇，從而分立出"施事主語句"、"受事主語句"，將有益於對上述多義格式做出解釋。如：

命吏誅之。(至忠)

命司空曰。(季春)

上述例句都可以記作"PV_1 − O − PV_2"。但人們一般都把《至忠》

① 參見陳建民.《現代漢語句型論》，語文出版社，1986. P16～17.

例看做兼語句,而把《季春》例看做連動句。其區别正在於《至忠》例中的"吏"(O),不僅是"命"的受事,而且兼是"誅"的施事;而《季春》例中的"司空"(O)僅僅是"命"的受事而已,與"曰"無關。由此看來,衹有引入"施事"、"受事"語義範疇,才能區分開"兼語句"與"連動句"。① 因此,"施事"、"受事"等語義範疇具有區分派生句型的句法價值。至於有些語義範疇,如名詞充當定語時的"描寫"、"限制"、"同位"等範疇,與語法結構的核心没有直接的聯繫,换句話説,與句子的格局没有直接的關係,因此,不具備句法價值。綜上所述,我們在研究句型時,采取有選擇地、有限地引入語義的原則,即衹引入具有句法價值的語義範疇,以期更全面、深入地揭示出上古漢語句型的特點。

5.2 基本原則

綜上所述,確定句型的原則如下:

(1) 句子的語法結構是有層次的,句型當根據語法結構的層次,采用"向心切分"的原則,由上至下層層確定。

(2) 句子的語法結構有内層結構、外層結構之分;句子的内層結構是確定句型的根據。

(3) 句型有上位下位之分,下位句型是在對上位句型的核心部分作進一步的分析而確定的。不同的上位句型具有不同的下位句型。

(4) 確定句型以語法結構的對立爲基礎。我們所説的對立,既指結構項("結構核心"及"句型成分")"有"和"無"的對立,②也指結構核心性質的對立。

(5) 句型有基本句型與句型變體之分。衹有基本句型(包括繁化的複雜句型)才能進入《吕》句型係統。

(6) 非句型成分的有無原則上不影響句型的確定。

---

① 當然,也可以用其他理論來解釋連動式和兼語式的區别,例如"空語類"。詳見徐思益.《從空語類説開去》一文,載《語法研究和探索》4,北京大學出版社。

② 省略不是"無",而是"有"的一種特殊表現形式。

需要説明的是,我們在確立《呂》句型係統時,采用了語法結構關係和結構核心性質兩個標準。但這兩個標準用於不同的句型層面。在確立上位句型時,我們采用的是單一的結構關係標準;在確立中位句型時,我們以核心性質的對立爲標準;衹有在確立下位句型時,我們才同時考察這兩個方面,以期能够較爲充分地顯示出下位句型的特點。因爲,畢竟下位句型是句型係統的核心部分。盡管我們不能自始至終采用單一的標準,但我們盡可能在同一層面使用一個標準,以期盡量避免交叉現象。

6.《呂》的句型係統

6.1　關於《呂》句型係統所用標引符號的説明

(1) 句法成分:

S——主語,P——謂語,O——賓語,C——補語。

(2) 詞類(詞的次類):

N——名詞(N_p——普通名詞,N_z——專有名詞);①

V——動詞(V_{1n}——一價動詞,V_{2n}——二價動詞,V_{3n}——三價動

① 代詞充當主、賓語,語法功能與名詞相類,故句型描寫時,凡代詞均用 N(N_p、N_z)表示;基於同樣的原因,數詞亦看做形容詞的小類,用 A_s 表示。

詞；V_v——謂賓動詞；V_d——兼語動詞）；①

A——形容詞（A_x——性質形容詞，A_z——狀態形容詞）；A_d——副詞；）——嘆詞。

（3）語義範疇：

sh——施事，so——受事，dg——當事，gu——關涉對象，ch——處所，ji——兼語。

① 根據動詞在句中作述謂中心語時所帶賓語的性質，我們將動詞分爲四類：

“名賓”動詞（V_n）、“謂賓”動詞（V_v）、“小句賓”動詞（V_s）和“兼語“動詞（V_d）。“名賓”動詞根據其必須聯繫的名詞性成分的數目，我們又將其分爲三小類，分别稱作一價動詞（V_{1n}）、二價動詞（V_{2n}）和三價動詞（V_{3n}）。“謂賓”動詞也分爲二小類：衹帶謂賓的動詞（V_{vz}）和可帶謂賓的動詞（$V_{v/n}$）。這樣分類的目的是爲了有助於句型的描寫。拙著《〈吕氏春秋〉詞類研究》中關於動詞的分類采用的是傳統的分類（詳見 P136～138），其與本書的分類存在着交叉現象，大體對應如下：

真自動詞——V_{1n}

準自動詞——甲類——甲$_1$（處所）——V_{2n}

甲$_2$（對象）——$V_{2n}/V_{v/n}$

乙類——乙$_1$（使動）——V_{2n}

乙$_2$（意動）——V_v

乙$_3$（主題）——V_{2n}

真他動詞——子類（受事）——V_{2n}/V_v V_d V_s

丑類（非受）——$V_{v/n}$

寅類（處所）——V_{2n}

準他動詞——卯類——卯$_1$（雙賓）——V_{3n}/V_n

卯$_2$（使雙）——V_{3n}

辰類——辰$_1$（真/關）——V_{2n}

辰$_2$（真/使）——V_{2n}

6.2 《呂》句型係統一覽表

上位句型	中位句型	下位句型	例　　句
S——P （主謂句）	S——PN （名詞謂句）		
		$S-PN_{p/z}$	子，肉也；我，肉也。（當務） 其神句芒。（孟春）
	S——PA （形容詞謂語句）		
		$S-PA_{x/z}$	贊也貧，故衣惡也。（順説） 衆庶泯泯。（慎大）
		$S-PA_x-C$	世暗甚矣。（期賢）
	S——PV （動詞謂語句）		
		$S-PV_{1n/2n}$	威王薨。（知士）
		$S-PV_{n/v}-O$	丹知寡人。（過理） 晉厲知必死於匠麗氏。（禁塞）
		$S-PV_{3n}-O_1-O_2$	我將告子其故。（不侵）
		$S-PV_n-C$	晉文公亡久矣。（不苟）
	$S——P_{s-p}$ （主謂謂語句）		
		$S-P_{s-n}$ $S-P_{s-a}$ $S-P_{s-v}$	（例見表後“説明”(3)）

	$S-PV_1-V_2$ (連謂句)	$S-PV_{1n}-V$ $S-PV_{2n/3n}-O-V$ $S-PV_d-O-V$	寇戎來征。(仲春) 吴起果去魏入楚。(長見) 荆王請養由基射之。(博志)
X (非主謂句)	$XN/A/A_{d/I}$ (獨詞句)		(王曰)舂子,舂子。(驕恣) (王曰)甚然。(應言) (對曰)非也。(不苟) (武王曰)嘻。(貴因)
	XV (無主句)		有一婦人逾垣入。(知接) 譬之若官職,不得擅爲。(貴生)

總計:上位句型 2 個,中位句型 7 個,下位句型 13 個。幾點説明:

(1)《吕》中,主謂句佔絶對優勢,非主謂句不僅極少,而且多爲特例,因此,《吕》句型係統中非主謂句不設下位句型。

(2)《吕》中,動詞核心直接帶補語的句式還有 $S-PV_n-O-C$、$S-PV_n-C-O$ 二式。這兩種句式,西周金文中即已産生,先秦他書亦偶爾可見①,我們之所以未把它們看做基本句型,主要基於頻率的考慮。據統計,《吕》中 S—PV—O—C 式僅出現 4 例,S—PV—C—O 式僅出現 2 例。因此,盡管上述二式産生時代甚早,但在先秦並未得到發展,在《吕》中仍呈現出萌芽狀態。處於萌芽狀態的句式不宜視爲基本句型而進入句型係統。

① 參見管燮初.《西周金文語法研究》,商務印書館,1981.楊伯峻. 何樂士.《古漢語語法及其發展》,語文出版社,1992.

(3) 關於主謂謂語句的範圍,語法學界至今尚有分歧。我們從語法結構關係考慮,取較爲寬泛的標準,凡下列句子均歸入主謂謂語句:

夫三群之蟲,水居者腥,肉攫者臊,草食者羶。(本味)

子與我孰賢。(執一)

人必莫之賣也。(離謂)

大主語不與主謂謂語的結構核心直接發生關係,大主語與主謂謂語之間可以停頓。

(4) "無主句"僅限於不可能出現主語的句子,如以"有"爲核心的存現句,以"譬"爲核心的譬況句等。有些句子盡管主語没有出現(或省略,或隱含),但主語是確定的,例如:

子反叱曰:"訾。退。酒也。" (權勳)

曰:"蓋聞之子虎,請賞子虎。" (不苟)

我們均看做特殊語境的省略句,歸入主謂句的變體。

【叁】《吕氏春秋》不含"之"的體詞性向心結構的考察

本書在《吕》量化的語言材料的基礎上，考察不含"之"的體詞性向心結構中，各詞類（及其次類）充當修飾語的差異，中心語對修飾語的選擇，並探討不含"之"的體詞性向心結構的語序規則，以及不含"之"的體詞性向心結構與含"之"的體詞性向心結構之間的變換。

1. 向心結構的界定

（1）向心結構這個概念是布龍菲爾德在 1933 年根據分佈的標準提出來的，依照布龍菲爾德的標準，向心結構是指其直接成分（至少有一個）與結構整體的功能和分佈相同的句法結構。向心結構分爲兩類：並列的（co－ordinative 或系列的 serial）和從屬的（subordinative 或修飾的 attributive）。① 本書衹考察《吕》中"從屬的"向心結構。

（2）根據中心語語法性質的不同，"從屬的"向心結構分爲兩類：體詞性的（中心語爲名詞語）和謂詞性的（中心語爲動詞、形容詞語）。體詞性的向心結構又分爲不含"之"的與含"之"的兩類，本書衹考察不含"之"的體詞性向心結構。

（3）一個多層次的結構，如果每一層次的中心語都是向心結構，我們稱之爲多級向心結構。例如"趙簡子有兩白騾"（愛士）中的"兩白騾"

①參見布龍菲爾德.《語言論》(漢語譯本). 商務商業館，1980，P239～241.

就是一個多層次向心結構:第一層,“兩”是修飾語,“白騾”是中心語;第二層,“白”是修飾語,“騾”是中心語。按照上述分析,向心結構的位置可以由“心”向外分爲幾級;如“兩白騾”爲三級向心結構:中心語“騾”爲第一級,“白”爲第二級,“兩”爲第三級。①

2.《吕》中不含“之”的體詞性向心結構中,各詞類(及其次類)充當修飾語時語法意義的差異

2.1 體詞性向心結構中修飾語的語法意義

修飾語按其語法意義可分爲三類:

(1) 限制性修飾語:

A. 從指稱、歸屬等方面對中心語加以限制。如“此物”、“君令”、“吴人”。

B. 從範圍、時間、方位等方面對中心語加以限制。如“今夜”、“南郊”。

C. 從數量(包括順序、次第等)方面對中心語加以限制。如“五味三材”。

(2) 描寫性修飾語:

A. 描寫中心語的狀態。如“莫莫葛藟”。

B. 描寫中心語的性質、質料、特徵、用途等。如“新林”、“鐵甲”。

(3) 同位性修飾語,在於説明中心語的身份、職業。如“夏后氏孔甲”、“帝舜”。

---

① 參見布龍菲爾德.《語言論》(漢語譯本),商務印書館,1980. P239~241.

2.2 各詞類(及其次類)直接充當修飾語,其語法意義的差異

詞類 \ 語法意義		限制性修飾語			描寫性修飾語		同位性修飾語
		(A)	(B)	(C)	(A)	(B)	
名詞	名$_{\text{普}}$	+	+	−	−	+	+
	名$_{\text{專}}$	+	−	−	−	−	(+)
	名$_{\text{方}}$	−	+	−	−	−	−
	名$_{\text{時}}$	−	+	−	−	−	−
形容詞	形$_{\text{狀}}$	−	−	−	(+)	−	−
	形$_{\text{性}}$	−	−	(+)	−	+	−
動詞		−	−	−	−	+	−
代詞	代$_{\text{指}}$	+	−	−	−	−	−
	代$_{\text{人}}$	+	−	−	−	−	(+)
	代$_{\text{疑}}$	(+)	(+)	−	−	−	−
數詞		−	−	+	−	−	−

按:表中(+)表示該次類詞直接作該類修飾語受到限制。

關於上表的幾點説明:

(1) 普通名詞可以充當三類修飾語,相對來説是最自由的;專有名詞可以充當(A)類限制性修飾語,其中,衹有人名、職官名纔可以充當同位性修飾語;時間名詞、方位名詞衹可以充當(B)類限制性修飾語。

(2) 性質形容詞一般衹充當(B)類描寫性修飾語,其中,衹有個别可以表示次第的詞纔可以充當(C)類限制性修飾語,如"上二士者"(《博志》)中的"上";狀態形容詞充當(A)類描寫性修飾語僅屬偶見。

(3) 人稱代詞、指示代詞可以充當(A)類限制性修飾語;人稱代詞中,偶見第一、二人稱代詞充當同位性修飾語,如"成王曰:'余一人與虞戲也。'"(重言)中的"余"、①"非而細人所能識也"(《慎勢》)中的"而";

① 參見《〈吕氏春秋〉詞類研究》,P245.

疑問代詞中，僅見“誰”、“何”、“奚”三詞充當(A)(B)類限制性修飾語。

(4) 數詞衹充當(C)類限制性修飾語。

3.《吕》中不含“之”的體詞性向心結構的考察

3.1 二級向心結構

3.1.1 二級向心結構的構成

《吕》中，不含“之”的二級向心結構共得 4892 例，按其結構成分的類別，分别舉例如下：

A. a. $名_{普/專/方/時}$ + $名_{普}$(1445)①

君令不行。(慎大)

卑梁人操其傷子以讓吴人。(察微)

迎夏於南郊。(孟夏)

秋氣至則草木落。(義賞)

b. $名_{普/專}$ + $名_{專}$(265)

帝舜師許由。(尊師)

夏后氏孔甲田於東陽負山。(音初)

c. $名_{普/專}$ + $名_{方}$(118)(按：“東北、西南”之類視爲複音詞，未計在内。)

人在馬前。(執一)

梁北有黎丘部。(疑似)

d. $名_{專/時}$ + $名_{時}$(35)

秦穆公時，戎强大。(壅塞)

① 括號中的數字爲《吕》中出現頻率。

今夜辱，吾將索其形。（離俗）

B. e. 形性＋名普（1175）

新林之無長木也。（論大）

f. 形性＋名專（6）

往視曠夏。（慎大）

g. 形性＋名時（84）

明旦加要離罪焉。（忠廉）

h. 形狀＋名專（1）

《詩》曰："莫莫葛藟。"（知分）

C. i. 動＋名普（210）

亡國相望。（觀世）

j. 動＋名時（5）

及饗日。（慎行）

D. k. 代人/指/疑＋名普（371）

期吾君驟。（愛士）

國有此物。（明理）

誰國無有。（長攻）

l. 代指＋名專（3）

殺彼龍逄。（慎大）

m. 代人＋名方（1）

位則在吾上。（執一）

n. 代指＋名時（160）

是夕，熒惑果徙三舍。（制樂）

然後能知美惡矣。（去尤）

E. o. 數＋名普（713）

五味三材，火為之紀。（本味）

p. 數＋名專（7）

雖得十越，吾不為也。（長攻）

q. 數＋名時（162）

七日不嘗食。（慎人）

F. r. 數+量(131)

其博八寸。(任地)

《吕》不含“之”的二級向心結構中,名詞修飾語的數量佔第一位,其次爲形容詞修飾語、數詞修飾語,再次爲代詞修飾語,動詞修飾語數量最少。

3.1.2 中心語對修飾語的選擇

考察《吕》,中心語對修飾語存在着選擇關係。爲了更便於直觀地比較,我們將不含“之”的二級向心結構中中心語與修飾語的搭配情況作了統計,列表對比如下:

中心語類別 \ 修飾語類別		名詞(1863)	代詞(535)	形容詞(1266)	動詞(215)	數詞(1013)
名詞	普通名詞	名$_{普/專/方/時}$(1445)	代$_{人/指/疑}$(371)	形$_{性}$(1175)	210	713
	專有名詞	名$_{普/專}$(265)	代$_{指}$(3)	形$_{性/狀}$(7)	0	7
	方位名詞	名$_{普/專}$(118)	代$_{人}$(1)	0	0	0
	時間名詞	名$_{專/時}$(35)	代$_{指}$(160)	形$_{性}$(84)	5	162
量詞		0	0	0	0	131

按:“所”字結構、“者”字結構充當向心結構的成分,作爲“普通名詞”計入上表。動詞語充當修飾語作爲“動詞”計入上表。

從上表可以看出:普通名詞可以自由地直接受各類詞語的修飾;而專有名詞、方位名詞、時間名詞則受到不同的限制,這種限制不僅僅反映在直接修飾語的類別上,而且也反映在出現頻率上;量詞衹能受數詞的修飾。根據上表,中心語各次類直接受各類詞語修飾的能力大體排列如下:

普通名詞 > 時間名詞 > 專有名詞 > 方位名詞 > 量詞(符號 > 讀作“優於”)

3.1.3 幾點説明

(1) 普通名詞受數詞修飾,其位置偶爾在修飾語之前。如:

乃復賜之脯二束與錢百。(報更)

戰而不勝,其罪一;與人出而不與人入,其罪二;與之屍而弗取,其罪三。(不廣)

(2) 專有名詞除受名詞修飾外很難受他類詞修飾。《吕》中,受數詞修飾的專有名詞往往用於比喻,可以視爲臨時轉類,即專有名詞臨時用作普通名詞,如上文《長攻》例中的“十越”;受性質形容詞修飾的專有名詞僅限於國名;專有名詞受指示代詞修飾亦屬特例,如上文《慎大》例中的“殺彼龍逄”,其上下文皆四字一句①,“龍逄”前的指示代詞“彼”,其音節作用似乎更大於指稱作用。

(3) 時間名詞分爲兩類:一類可以受修飾語修飾,如“年、月、日、歲、旦、夜、夕、春、夏、秋、冬”等;一類不可以受修飾語修飾,如“今、鄉、曩、初、朔、晦”等。

(4) 修飾語以單音節爲常例。形容詞修飾語尤爲嚴格。據統計:名詞修飾語單音節約佔 87%;動詞修飾語單音節約佔 91%(其餘 9% 見下文(7));形容詞修飾語單音節約佔 99%。複音節修飾語一般僅限於雙音節。

(5) “者”字結構充當結構成分的向心結構屬特殊的向心結構〈9〉。如:

章子令人視水可絶者。(處方)

向心結構“水可絶者”中,“水”是中心語,“可絶者”是修飾語。充當修飾語的“者”字結構位於中心語之後。②

---

① 兹將《慎大》例“殺彼龍逄”的前後文轉引如下,以資參考:

干辛任威,凌轢諸侯,以及兆民。賢良鬱怨,殺彼龍逄,以服群兇。衆庶泯泯,皆有遠志,莫敢直言,其生若驚。

② 《馬氏文通》,P69,將此類“者”字結構稱之爲“用如加語者”。馬氏云:“加語者,前有名代諸字,後續他語,以表名代之爲何若也,若静字者然。”商務印書館,1983. 廖序東將此類“者”字結構稱之爲“同位語”,見《文言語法分析》,上海教育出版社,1981. P66.

(6)“所”字結構充當結構成分的向心結構亦屬特殊的向心結構〈82〉。如：

審民所終。(音律)按：衹有普通名詞和專有名詞可以修飾“所”字結構。

張儀所得於天下者無若昭文君。(報更)

拂吾所欲。(當賞)按：人稱代詞修飾“所”字結構僅見“吾”〈12〉。

上述各例“所”字結構充當中心語〈73〉。修飾語均爲限制性修飾語；充當修飾語的名詞與“所”字結構中的動詞具有潛在的施動關係。

所謂本者。(孝行)

所謂敬長。(孝行)

上述二例“所”字結構充當修飾語〈9〉。修飾語均爲限制性修飾語；“所”字結構中的動詞與中心語具有潛在的動受關係。按：由“所謂”充當修飾語的向心結構，從語用的角度來説，都是用於訓釋，其中心語，無論是名詞“本”，還是動詞語“敬長”，都是一個整體板塊，指稱訓釋的事物。基於上述看法，我們把“所謂敬長”也看做是體詞性向心結構。

由“所”字結構、“者”字結構充當結構成分的二級向心結構，其音節數相對自由得多，《吕》中最多可達10個音節。

(7)名詞“故”的多音節直接修飾語亦屬特例。如：

不知要故也。(當染)

聖王在上故也。(勿躬)

此生乎不知樂之情而以侈為務故也。(侈樂)

考察《吕》，這種情況共出現20例，均出現在表明判斷、説明原因的句子中，句末均有“也”作爲標記。如果句末没有“也”，“故”的多音節修飾語要藉助“之”〈5〉。如：

以民勞與官費用之故。(開春)

惟其所以不得之故。(貴當)

换句話説，句末的“也”可看做是“故”的多音節修飾語無須藉助“之”的條件。當然，《吕》中，句末有“也”的句子，“故”的多音節修飾語亦有藉助“之”者，衹不過數量很少罷了〈3〉。如：

此伊尹生空桑之故也。(本味)

統計數字表明,在句末有“也”作爲標記的句子中,名詞“故”的多音節修飾語以直接修飾爲基本形式。①

3.2 多級向心結構

3.2.1 多級向心結構的構成

(1)三級向心結構:

《吕》中,不含“之”的三級向心結構共得 84 例,按其結構成分的類别,分别舉例如下:

a. 名$_{專/普}$+名$_{方/普}$+名$_{普}$〈9〉

天子居青陽左个。(孟春)

鄭賈人弦高奚施將西市於周。(悔過)

---

① 關於名詞“故”的多音節直接修飾語,考察先秦他書,與《吕》的情況基本相同,惟《韓非子》例外。考察結果列表如下:

書名	多音節修飾語 + 故也	多音節修飾語+之+故也
《左傳》	82	4
《公羊傳》	3	0
《穀梁傳》	2	0
《論語》	1	0
《孟子》	4	0
《墨子》	5	0
《國語》	6	3
《莊子》	2	0
《戰國策》	12	0
《荀子》	8	1
《韓非子》	2	5
《禮記》	7	1

又按:直至漢代,用通語寫成的《史記》、《漢書》中,祇要句末有“也”作爲標記,名詞“故”的多音節修飾語仍以直接修飾(不含“之”)爲基本形式:《史記》27 ∶2 ,《漢書》45 ∶5 。

群臣賓客所獻書者，操以進之。（樂成）

b. 名$_{專/時/普}$＋形$_{性}$＋名$_{普}$〈10〉

殷湯良車七十乘。（簡選）

古聖王之所為貴樂者。（侈樂）

義兵之為天下良藥也亦大矣。（蕩兵）

此所謂吉臣也。（貴當）

c. 名$_{時}$＋數＋名$_{時}$〈1〉

歲六月（制樂）

d. 名$_{普}$＋動＋名$_{普}$〈1〉

天下亡國多矣。（恃君）

e. 代$_{指/人}$＋數＋名$_{普}$〈33〉

必稱此二士也。（當染）

吾三人者於齊國也。（不廣）

f. 代$_{人}$＋名$_{普}$＋名$_{普}$〈2〉

無慮吾農事。（長利）

此非吾所謂道也。（誠廉）

g. 代$_{人/指}$＋形$_{性}$＋名$_{普}$〈7〉

吾先君之寶也。（權勋）

h. 形$_{狀}$＋形$_{性}$＋名$_{普}$〈2〉

赳赳武夫。（報更）

i. 形$_{性}$＋數＋名$_{普}$〈1〉

上二十者。（博志）

j. 形$_{性}$＋形$_{性}$＋名$_{普}$〈6〉

昔者先聖王成其身而天下成。（先己）

k. 數＋形$_{性}$＋名$_{普}$〈7〉

趙簡子有兩白騾而甚愛之。（愛士）

l. 動＋數＋名$_{普}$〈5〉

先立春三日。（孟春）

（2）四級向心結構：

《吕》中，四級向心結構僅見 1 例：

$名_{時}+形_{性}+形_{性}+名_{普}$

古先聖王之所以導其民者。(上農)①

3.2.2 關於多級向心結構的幾點説明

(1)《吕》中,不含"之"的多層向心結構最多爲四級向心結構,但僅屬特例。三級向心結構亦不多見,其出現頻率同二級向心結構相比,僅爲1∶58。這表明:在《吕》時代,二級向心結構是不含"之"的體詞性向心結構的基本形式。

(2)《吕》三級向心結構中,各詞類出現在三級、二級位置的頻率排序如下:

三級:代詞〈42〉、名詞〈21〉、形容詞〈9〉、數詞〈7〉、* 動詞〈5〉;

二級:數詞〈40〉、形容詞〈31〉、名詞〈12〉、動詞〈1〉。

代詞雖然在三級位置上頻率居各詞類之首,但不能在二級位置上出現;出現在三級位置上的名詞僅限於專有名詞〈12〉、時間名詞〈3〉和可以表示限定、處所、範圍的普通名詞〈6〉,而出現在二級位置上的名詞多數是方位名詞〈7〉;狀態形容詞可以出現在三級位置上〈2〉,但不能出現在二級位置上;數詞無論在三級位置上,還是在二級位置上都不表示序數(衹有一例例外,見上文《制樂》例)。

(按:動詞不能出現在三級位置上,衹有個别動詞以短語形式出現在三級位置上,屬特例,故均用 * 號標識。又:"所"字結構、"者"字結構充任結構成分亦屬特例,統計時計入名詞。)

(3)《吕》中,動詞短語可以出現在三級向心結構中。如:

先立春三日。(孟春)

---

① 《吕》中,尚有"昔先聖王之治天下也。"(貴公)與此句相類,我們把"古先聖王"看做四級向心結構,未把"昔先聖王"看做四級向心結構,是因爲"古"是"先聖王"的修飾語,而"昔"是句子的狀語(按:"昔"在《吕》中衹作狀語),不與"先聖王"直接組合,因而,"昔先聖王"與"古先聖王"亦有不同的變换形式:

昔先聖王→昔者先聖王[昔者先聖王成其身而天下成。(先己)]

古先聖王→古之先聖王[故古之聖王審順其天而以行欲。(爲欲)]

先雷三日。(仲春)

没有"先立春"、"先雷","三日"衹是泛指 ,"三日"有了"先立春"、"先雷"的限定,才完成由無定向有定的轉化;因此,"先立春"、"先雷"具有指定作用,屬(A)類限制性修飾語,排序在最前。换句話説,衹有具有指定功能的動詞語纔可以出現在三級位置上。考察《吕》,具有指定功能的動詞語僅限於用以限定時間的動詞"先"及其"賓語",所以,盡管出現 5 次,我們仍把它視爲特例,用 * 加以標識。

(4)《吕》中,"人稱代詞 + 性質形容詞 + 普通名詞"形式表達兩種語義關係,是個多義形式。試比較以下兩例:

吾先君之寶也。(權勛)

非而細人所能識也。(慎勢)

《權勛》例,第一層"吾"與"先君"是領屬關係:《慎勢》例,第一層"而"與"細人"是同位關係。

(5)《吕》中,三級向心結構中的各級均以單音節爲常:其中尤以二級最爲嚴格(單音詞 81 個,約佔總數 96%;僅 3 例爲雙音節詞語);一級次之(單音節詞 78 個,約佔總數 93%;其餘均爲雙音節);三級位置離核心詞最遠,相對來説最爲寬鬆(單音節詞 64 個,約佔總數 76%;其餘爲雙音節,少數爲三音節、四音節)。四級向心結構僅見 1 例,各級均爲單音節詞。

(6) 由於不含"之"的三級向心結構整體音節數的限制,進入其中的"所"字結構的音節數目也受到限制。無論處在三級位置,還是處在二級位置,都衹能是最小音節數,即雙音節。

(7) 三級向心結構中,充任修飾語的"者"字結構後置,屬特例:

又視名丘大墓葬之厚者。(安死)

(8) 關於"吾所謂道"的結構層次。"吾所謂道"可以寫作"名(代)+所+動+名"。考察《吕》及先秦他書,上述格式可以作如下變换:

a. 名(代)+所+動+名⟶名(代)+之+所+動+名

此書之所謂德幾無小者也。(報更)

乃拌瞽叟之所為瑟。(古樂)

此劑貌辨之所以外生樂趨患難故也。(知士)

夫晉國將守唐叔之所受法度以經緯其民。(左傳·昭公 29)

b. 名(代)+所+動+名→名(代)+所+動+之+名

仲子所居之室,伯夷之所築與?(孟子·滕文公下)

在多級向心結構中,"之"的位置一般總出現在多級向心結構的第一層;因此,"名(代)+所+ 動+名" 似乎既可以看做是"名(代)——所+動+名",也可以看做是"名(代)+所+動——名"。本書未采用時賢的看法,即將"吾所謂道"的層次依 b 式劃分,將"吾所謂"看做是"道"的修飾語①,從而將"吾所謂道"看做是二級向心結構。而是按照 a 式劃分,將"吾"看做是"所謂道"的修飾語,"所謂"是"道"的修飾語。之所以這樣劃分層次,是因爲不僅僅《吕》中未見 b 式,而且在先秦他書中 b 式句亦屬僅見。

3.2.3 多級向心結構的語序規則

(1)考察《吕》,各詞類在多級向心結構中總體上的語序排列爲:

代詞 / (名詞)> 數詞 >形容詞 > 動詞 > 名詞

即多級向心結構中,> 符號左邊的詞類一般總要排在> 符號右邊的詞類之前。

這一語序排列可以從語義的角度予以解釋。

如前所述,向心結構中的修飾語可以分爲三大類:限制性修飾語、描寫性修飾語和同位性修飾語。考察《吕》,這三類修飾語其排序爲:

同位性修飾語 > 限制性修飾語 > 描寫性修飾語②

---

① 何樂士分析"高祖所教歌兒百二十人"(《史記高祖本紀》)句子結構時說:"'所教'受'高祖'修飾,構成偏正短語'高祖所教',作'歌兒'的定語。"(見《〈史記〉語法特點研究》,載程湘清主編《兩漢漢語研究》,P18. 山東教育出版社 1985. 1.)又:廖序東分析"取舞陽所持地圖"(《史記刺客列傳》)句子結構時指出:"舞陽所持"爲"地圖"的定語。(見《文言語法分析》,P16. 上海教育出版社 ,1981.)

② 《吕》中,含同位性修飾語、又含描寫性修飾語的多級向心結構僅見"非而細人所能識也"(慎勢)1 例,人稱代詞"而"處在三級位置上,屬同位性修飾語,形容詞"細"處在二級位置上,屬描寫性修飾語。先秦他書中偶見類似的例子。如:

"先王之明德,猶無不難也,無不懼也,况我小國乎。"(《左傳·僖公 22》)!

限制性修飾語與描寫性修飾語的内部又有次類，其排序遵循下面的序列：

限制性修飾語(A)指稱／領屬＞限制性修飾語(B)範圍／時間／方位＞限制性修飾語(C)數量

(按:表指稱的修飾語與表領屬的修飾語在同一向心結構中不能並存;表範圍、時間、方位的修飾語在同一向心結構中亦未見並存者。)

描寫性修飾語(A)狀態＞描寫性修飾語(B)性質／特徵／質料

代詞或表指稱，或表領屬，衹充當(A)類限制性修飾語，屬有定成分，故其位置在最前;專有名詞是專指，可以表領屬，充當(A)類限制性修飾語;時間名詞表時間，可以充當(B)類限制性修飾語，亦屬有定成分，故位置在數詞、形容詞之前;數詞表達數量，衹充當(C)類限制性修飾語，故其位置次之;形容詞衹充當描寫性修飾語，故其位置又次之;核心詞爲名詞(或名詞語)，位置在最後。這一序列與時賢關於現代漢語向心結構語序的結論基本相符。①

《吕》中，個別例句不同於上面的序列，例如：

上二士者。(博志)

義兵之為天下良藥也亦大矣。(蕩兵)

天下亡國多矣。(恃君)

從語義出發，上述例句都可以得到解釋。《博志》例，形容詞“上”具有指稱作用，屬(A)類限制性修飾語，所以排序在數詞“二”之前。《蕩兵》例，名詞“天下”指空間範圍，屬(B)類限制性修飾語，所以“天下”排列在形容詞“良”之前。《恃君》例同。

(2) 如果三級向心結構中同時出現兩個形容詞，其次類語序爲：

狀態形容詞＞性質形容詞，如《報更》中的“赳赳武夫”。

如果兩個形容詞屬於同一個次類，都是性質形容詞，則複音節詞在前，如《不屈》中的“愷悌新婦”。如果都是單音節詞，其順序遵循表示核心詞外圍語義特徵的詞在前、表示核心詞本身語義特徵的詞在後的原則，如上文《先己》例中的“先聖王”，“先”不是“王”自身所具有的性狀，

① 參見徐通鏘.《語言論》，東北師範大學出版社，1997. P528.

屬外圍語義特徵,而“聖”是“王” 自身所固有的性狀,屬核心詞的語義特徵,故“先”在“聖”前。

(3) 如果三級向心結構中同時出現兩個或三個名詞,其次類語序爲:專有名詞 > 方位名詞 > 普通名詞,如《孟春》中的“青陽左个”。

4.《吕》中不含“之”的向心結構與含“之”的向心結構之間的變换

不含“之”的向心結構有時可以變换爲含“之”的向心結構。如:

臣兄——→臣之兄

臣兄之有功也於車下。(至忠)

臣之兄犯暴不敬之名。(至忠)

人情——→人之情

反諸人情。(誣徒)

人之情,不能樂其所不安。(誣徒)

天下兵——→天下之兵

天下兵乘之。(權勛)

以迎天下之兵於濟上。(權勛)

隨侯珠——→隨侯之珠

豈特隨侯珠之重也哉。(貴生)

以隨侯之珠彈千仞之雀。(貴生)

平阿餘子——→平阿之餘子

今焉知天下無平阿餘子與叔無孫也。(離俗)

平阿之餘子亡戟得矛。(離俗)

兵所自來者——→兵之所自來者

兵所自來者久矣。(蕩兵)

兵之所自來者上矣。(蕩兵)

是不是不含“之”的向心結構都可以變换爲含“之”的向心結構呢?

考察《吕》,我們得出以下幾點結論:

(1) 名詞充任的限制性修飾語一般都可以變换爲含“之”的形式(如上述諸例);惟單音方位詞充任修飾語不能實現這種變换:左手↛左之手,東郊↛東之郊。

(2) 單音名詞充任描寫性修飾語,不能變换爲含“之”的形式:鐵甲↛鐵之甲,糟丘酒池↛糟之丘酒之池,歧道↛歧之道。

《分職》中有兩個典型的例句:一是“公衣狐裘”,一是“衣狐之皮”。前者“狐”直接作修飾語,後者“狐”藉助“之”作修飾語。兩句修飾語形式不同,語法意義各異。“狐裘”之“狐”指狐皮,在於説明“裘”的質料;“狐之皮”之“狐”指狐狸,在於限制“皮”的歸屬。前者是描寫性修飾語,後者是限制性修飾語。因此,狐裘↛狐之裘。

(3) 同位性修飾語都不能變换爲含“之”的形式。帝舜↛帝之舜,太史令終古↛太史令之終古。

(4) 由數詞充任修飾語的不含“之”的向心結構不能變换爲含“之”的向心結構。

(5) 由代詞充任修飾語的不含“之”的向心結構一般不能變换爲含“之”的向心結構。惟人稱代詞“己”充任修飾語可以實現這種變换。①

(6) 單音節動詞、形容詞充任修飾語的向心結構一般不能變换爲含“之”的形式;複音節動詞、形容詞充任修飾語的向心結構一般不能變换爲不含“之”的形式。

由此可見,不含“之”的向心結構變换爲含“之”的向心結構要受到諸多因素的制約,比如:充任修飾語的詞類(及其次類)、修飾語的性質(語法意義),音節數目等等,並不是自由的。

① 先秦他書中由疑問代詞“誰”充任修飾語可以變换爲含“之”的形式,如:《國語·晉語二》:“國,誰之國也。”

5. 結語

(1)《吕》中,不含"之"的體詞性向心結構的基本形式爲二級向心結構(約佔總數的98%),三級向心結構很不發達,四級向心結構僅屬偶見。

(2) 不含"之"的多級體詞性向心結構,無論修飾語,還是中心語,一般都要求由單音節詞充任,其整個結構的音節數一般≤3 。

(3) 各詞類(及其次類)直接充當修飾語,其語法意義存在差異。

(4) 向心結構中,中心語對修飾語存在選擇關係:普通名詞可以自由地直接受各類詞語的修飾;而專有名詞、方位名詞、時間名詞則受到不同的限制,這種限制不僅僅反映在直接修飾語的類别上,而且也反映在出現頻率上。

(5) 多級向心結構中的語序規則。

① 從充任修飾語的詞的類别考察,各詞類在多級向心結構中總體上的語序排列爲:

代詞/(名詞)> 數詞>形容詞>動詞>名詞

② 從修飾語的語義類别考察,其排序遵循下面的序列:

同位性修飾語>限制性修飾語>描寫性修飾語

上述兩個角度的考察是統一的,後者是前者的語義基礎。

(6) 不含"之"的向心結構變换爲含"之"的向心結構要受到諸多因素的制約,比如:充任修飾語的詞類(及其次類)、修飾語的性質(語法意義),音節數目等等,並不是自由的。

(7) "所"字結構、"者"字結構進入向心結構是向心結構複雜化的因素之一。

【肆】《吕氏春秋》含“之”的體詞性向心結構的考察

本書在《吕》量化的語言材料的基礎上，考察含“之”的體詞性向心結構的構成，考察含“之”的體詞性向心結構與不含“之”的體詞性向心結構之間的差異，探討虚詞“之”在體詞性向心結構中的作用。

1. 向心結構的界定

(1) 向心結構這個概念是布龍菲爾德在 1933 年根據分佈的標準提出來的，依照布龍菲爾德的標準，向心結構是指其直接成分(至少有一個)與結構整體的功能和分佈相同的一種句法結構。向心結構分爲兩類：並列的(co—ordinative 或系列的 serial)和從屬的(subordinative 或修飾的 attributive)。① 本書衹考察《吕》中“從屬的”向心結構。

(2) 根據中心語語法性質的不同，“從屬的”向心結構又分爲兩類：體詞性的(中心語爲名詞語)和謂詞性的(中心語爲動詞語、形容詞語)。體詞性的向心結構又分爲不含“之”的與含“之”的兩類，本書衹考察含“之”的體詞性向心結構。

(3) 一個多層次結構，如果每一層次的中心語都是向心結構，我們稱之爲多級向心結構。例如“凡兵，天下之兇器也”(論威)中的“天下之兇器”就是一個多層次向心結構：第一層，“天下”是修飾語，“兇器”是中

① 參見布龍菲爾德.《語言論》(漢語譯本)，商務印書館，1980. P239～241.

心語;第二層,“兇”是修飾語,“器”是中心語。按照上述分析,向心結構的位置可以由“心”向外分爲幾級;如“天下之兇器”爲三級向心結構:中心語“器”爲第一級,“兇”爲第二級,“天下”爲第三級。①

(4)“名・之・動/形”結構,例如“後之伐桀也”(離俗)、“人之少也”(貴公),其語法意義與結構變換均不同於向心結構②,故不在本書考察之列。

2.《吕》中,含“之”的向心結構的考察

2.1 二級向心結構

2.1.1 二級向心結構的構成

《吕》中,含“之”的二級向心結構共得 3372 例③,按其結構成分的類别,分别舉例如下:

a. 名+之+名〈3016〉

人之竅九。(圜道)

此三皇五帝之德也。(貴公)

b. 動+之+名〈308〉

吞舟之魚。(慎勢)

① 參見布龍菲爾德.《語言論》(漢語譯本),商務印書館,1980. P239~241.

② 詳見《〈吕氏春秋〉詞類研究》,P54. 此類結構亦有人稱之爲“指稱化的主謂結構”,見宋紹年.《關於“名(代)+所 + 動”結構的切分》一文,載《中國語文》,1996(2).

③ 統計數字中包括中心語爲名詞語的含“其”的向心結構〈1372〉,如“其音角”,“其”相當於“名詞+之”。

凡耕之道。（辯土）

c. 形＋之＋名〈48〉

小大輕重之衷也。（適音）

冥冥之中有昭焉。（離謂）

（按：上述句子格式中，“名”包括名詞語，“動”包括動詞語，“形”包括形容詞語。下同。）

2.1.2 幾點説明

（1）名詞各小類作修飾語都可以有帶“之”的形式；惟單音方位詞、複音時間名詞作修飾語未見帶“之”的形式。

（2）含“之”的二級向心結構中，修飾語爲複音名詞、名詞短語的共計 1151 例，約佔名詞修飾語的 70%（“其＋名”1372 例未計在内）；修飾語爲複音動詞、動詞短語的共計 291 例，約佔動詞修飾語的 96%；修飾語爲複音形容詞、形容詞短語的共計 45 例，約佔形容詞修飾語的 94%。這表明：含“之”的二級向心結構中，修飾語的音節以兩個或兩個以上爲常例，動詞、形容詞修飾語尤爲嚴格。

（3）含“之”的二級向心結構中，中心語的音節以單音節爲常例，修飾語爲動詞、形容詞的尤爲嚴格，與修飾語形成鮮明的對立。據統計：修飾語爲名詞語，中心語爲單音節的計 1211 例，約佔 74%；修飾語爲動詞語，中心語爲單音節的計 301 例，約佔 99%；修飾語爲形容詞語，中心語爲單音節的計 44 例，約佔 92%。

需要指出的是：複音節中心語以“所”字結構、“者”字結構爲常。據統計，共 354 例，約佔複音節中心語的 82%。

2.2 多級向心結構

2.2.1 多級向心結構的構成

（1）三級向心結構：

《吕》中，含“之”的三級向心結構共得 121 例，①分别舉例如下：

a. 名＋之＋形＋名〈62〉

凡兵，天下之兇器也。（論威）

b. 名＋之＋名＋名〈23〉

楚之邊邑曰卑梁。（察微）

c. 名＋之＋動＋名〈12〉

昔上世之亡主。（論人）

d. 名＋之＋數＋名〈18〉

不如聞行人燭過之一言。（貴直）

e. 形＋之＋數＋名〈1〉

上之三官者廢矣。（任數）

f. 動＋之＋形＋名〈3〉

此君人之大寶也。（用衆）

g. 動＋之＋數＋名〈1〉

此勝之一策也。（簡選）

h. 名＋動＋之＋名（1）

所殘殺無罪之民者，不可為萬數。（禁塞）

（2）四級向心結構：

《吕》中，含“之”的四級向心結構僅見 2 例：

愛已之一蒼璧小璣。（重己）

鄉之所謂長有道而息無道、賞有義而罰不義之術不行矣。（振亂）

2.2.2 幾點説明

（1）《吕》中，含“之”的多層向心結構最多爲四級向心結構，但僅屬于特例。三級向心結構亦不多見，其出現頻率同二級向心結構相比，僅爲1：27。這表明：在《吕》時代，二級向心結構是含“之”的體詞性向心

① 統計數字中包括含“其”的向心結構〈35〉，如“嗇其大寶”。

結構的基本形式。①

(2) 多層向心結構中，出現在各級修飾語之間的“之”一般衹含有 1 個，位置在最外層(包括三級向心結構中的三級和四級向心結構中的四級，下文同)的修飾語之後。考察《吕》，有 6 例屬特例，分兩種情況：一種情況是多層向心結構含 2 個“之”〈5〉②，兹列舉如下：

營丘壟之小大高卑薄厚之度。(孟冬)

主之賞罰爵禄之所加者宜。(當賞)

喜效人之子侄昆弟之狀。(疑似)

鄉之所謂長有道而息無道、賞有義而罰不義之術不行矣。(振亂)

民之貪争之心止矣。(不屈)

由於多音節詞語出現在二級位置上，所以在二級與一級之間增加一個“之”以顯示其間的界限及語法關係。③

另一種情況是“之”偶爾出現在二級與一級之間(1)，即上文 h 式《禁塞》例：

所殘殺無罪之民者，不可為萬數。

由於“所”字結構充當修飾語，其與中心語之間很難插入虚詞“之”④，再

---

① 有的例句的結構層次似乎可以有兩種分析，如：

舉天下之仁義顯人。(當染)

句中的“仁義顯人”，其結構層次

是仁 義 顯 人？還是仁 義 顯 人？

我們取前者，把“仁義顯”看做是同一層次上直接組合的並列成分。

② “其深殖之度”(任地)、“惟其所以不得之故”(貴當)2 例未計在内。

③ 有的向心結構中雖然含有兩個“之”，但應排除在外。如：

君獨不聞成王之定成周之説乎？(長利)

前一個“之”的作用是將主謂結構“成王定成周”指稱化，與後一個“之”語法功能不同。“成王之定成周”爲“説”的修飾語，該結構爲二級向心結構。

④ 《吕氏春秋》中，“‘所’字結構＋之＋中心語”格式僅見 2 例：

非所以完身養生之道也。(貴生)/ 今吾悟所以為偏枯之藥。(别類)

又：與《吕氏春秋》時代相近的《睡虎地秦墓竹簡》亦未見上述格式。見魏德勝.《〈睡虎地秦墓竹簡〉語法研究》打印稿，P154.

加上處在二級位置上的修飾語是複音節動詞語，因此，“之”必須出現，而且祇能出現在二級與一級之間。

(3)《吕》含“之”的多級向心結構中，各詞類出現在四級、三級、二級位置的頻率排序如下：

四級：名詞〈1〉、代詞〈1〉；

三級：名詞〈117〉、動詞〈4〉、形〈1〉、* 、數詞〈2〉；

二級：形容詞〈66〉、數詞〈19〉、名詞〈24〉、動詞〈14〉。

在最外層的位置上，名詞(包括相當於“名詞＋之”的“其”)佔絶對優勢(約佔總數的 96％)，代詞、動詞、形容詞當屬特例(約佔 4％)。在二級位置上，各詞類以形容詞爲常(約佔總數的 53％)。

考察《吕》，各詞類在含“之”的多級體詞性向心結構中總體上的語序排列爲：

(名詞 / 代詞)＞(數詞 ＞ 形容詞 / 動詞/ 名詞)＞名詞

(最外層)　　　　(内 層)　　　　(核心)

形容詞、動詞偶爾可以處在最外層(三級)的位置上，屬特例，可以從語義的角度予以解釋，見下文(6)。

(4) 處於最外層位置上的修飾語，由於藉助“之”，故以複音節詞語爲常〈59〉，其次爲單音節〈29〉；①處於二級位置上的修飾語，屬直接修飾，故絶大多數爲單音節詞〈101〉，少數爲複音節詞語〈22〉。

(5) 數詞作修飾語偶有在名詞中心語之後者〈1〉：

君有至德之言三。(制樂)

我們把“至德之言三”中的“三”看做是移位的三級修飾語，即看做“三至德之言”，是因爲《制樂》例下文即有“有三善言，必有三賞”之句，“三善言”即“至德之言三”。爲甚麽“三至德之言”中的“三”一定要移位呢？誠如上文所述，《吕》含“之”的三級向心結構中，如果祇含一個“之”的話，其位置必在三級與二級之間，即“三”與“至德之言”之間；然而，數詞

① 另有“其”35 例未計在内。

作修飾語,其與中心語之間不能插入虚詞“之”,因此,“三”必須移位。①“至德之言三”是變形的三級向心結構,“三”是移位的三級修飾語,屬特例,故用 * 號標識。

(6) 修飾語按其語法意義可分爲三類:

限制性修飾語:

A. 從指稱、歸屬等方面對中心語加以限制。

B. 從範圍、時間、方位等方面對中心語加以限制。

C. 從數量(包括順序、次第等)方面對中心語加以限制。

描寫性修飾語:

A. 描寫中心語的狀態。

B. 描寫中心語的性質、質料、特徵等。

同位性修飾語:在於説明中心語的身份、職業。

《吕》含“之”的多級向心結構中,處於最外層位置上的名詞、代詞修飾語都是限制性的,而且祇限於限制性修飾語(A)、(B)兩個次類。如:

父之不孝子。(安死)

愛己之一蒼璧小璣。(重己)

限制性修飾語(A),表領屬。

古之聖王。(為欲)

臣骫桑下之餓人也。(報更)

公輸般,天下之巧工也。(愛類)

限制性修飾語(B),分别表領屬、表處所,表範圍。

三級位置上的“數詞+名詞”短語,如“三代之興王”中的“三代”、“三皇五帝之本務”中的“三皇五帝”、“萬乘之嚴主”中的“萬乘”,均不表示核心詞的數量,故不屬於限制性修飾語(C)。

最外層位置上的形容詞僅見“上”1 例,“上之三官”中的“上” 具有指稱作用,因此,仍屬(A)類限制性修飾語。

最外層位置上的動詞,如上文“君人之大寶”中的“君人”、“ 勝之一

① “至德之言三”亦可看做“至德之三言”的變形,則“三”爲移位的二級修飾語。

策”中的“勝”，都可以看做具有區别作用，看做(B)類限制性修飾語。

由此，我們可以得出以下結論：含“之”的多級向心結構中，處於最外層位置上的修飾語都是限制性的，而且衹限於限制性修飾語中的(A)、(B)兩個次類。

處於二級位置上的修飾語以描寫性的修飾語爲常（約70%），由形容詞、動詞充任，例見上文；偶爾爲名詞，如：

諸侯之士在大王之本朝者。（應言）

描寫性質也可以是限制性修飾語，但僅限於限制性修飾語(B)、(C)兩個次類，由名詞、數詞充任。如：

見棺之前和。（開春）表方位

先出其腹實。（忠廉）表處所

不如聞行人燭過之一言。（貴直）表數量

考察《吕》，含“之”的多級向心結構的語序，從語義的角度來看，遵循以下規則：

限制性修飾語 ＞ 描寫性的修飾語

3.《吕》中，含“之”的體詞性向心結構與不含“之”的體詞性向心結構之間的差異

3.1 音節數目的差異

不含“之”體詞性向心結構，無論修飾語，還是中心語，一般都要求由單音節詞充任，如：

君令／馬前／新林／亡國／是夕／五味／八寸／此二士／古聖王

其整個結構的音節數一般≤3；①含“之”的體詞性向心結構，其修飾語一般都由複音節詞語充任，整個結構的音節數都≥3，《吕》中，最多可達到20個音節（見上文《振亂》例）。

3.2 構成成分的差異

不含“之”的體詞性向心結構與含“之”的體詞性向心結構之間構成成分的差異主要反映在多級向心結構最外層的構成成分上。

不含“之”的多級向心結構中，代詞、名詞、形容詞、數詞等都可以出現在最外層的位置上，代詞高居首位。其出現頻率排序如下：

代詞〈42〉、名詞〈22〉、形容詞〈9〉、數詞〈7〉、動詞〈5〉。②

而含“之”的多級向心結構中，祇有名詞語（包括相當於“名詞＋之”的代詞“其”）出現在最外層位置上，其他類詞語都可以看做特例。其出現頻率排序如下：

名詞〈117〉、動詞〈4〉、代詞〈1〉、形〈1〉。

此外，不含“之”的向心結構中，數詞、代詞充當修飾語是自由的；而在含“之”的向心結構中，數詞、代詞（惟“己”一詞除外）不能出現在“之”

① 《吕》中，不含“之”的二級向心結構修飾語以單音節爲常例，形容詞修飾語尤爲嚴格。據統計：名詞修飾語單音節約佔87%；動詞修飾語單音節約佔91%；形容詞修飾語單音節約佔99%。複音節修飾語一般僅限於雙音節。三級向心結構中的各級均以單音節爲常：其中尤以二級最爲嚴格（單音詞81個，約佔總數96%；僅3例爲雙音節詞語）；一級次之（單音節詞78個，約佔總數93%；其餘均爲雙音節）；三級位置離核心詞最遠，相對來説最爲寬鬆（單音節詞64個，約佔總數76%；其餘爲雙音節，少數爲三音節、四音節）四級向心結構僅見1例，各級均爲單音節詞。由於不含“之”的三級向心結構整體音節數的限制，進入其中的“所”字結構的音節數目也受到限制。無論處在三級位置，還是處在二級位置，都祇能是最小音節數，即雙音節。

又：《吕》中，不含“之”的向心結構超出三音節的一般僅限於由“所”字結構、“者”字結構充當結構成分的向心結構。參見本書三 《〈吕氏春秋〉不含“之”的體詞性向心結構的考察》。

② 參見本書三 《〈吕氏春秋〉不含“之”的體詞性向心結構的考察》。

前的位置上。①

3.3 修飾語語義的差異

不含“之”的體詞性向心結構與含“之”的體詞性向心結構之間修飾語語義的差異主要反映在多級向心結構的最外層上。

不含“之”的多級向心結構,處在最外層位置上的修飾語可以是限制性修飾語(A)、(B)、(C)任何一類,偶爾還可以是同位性修飾語。例如:

趙簡子有兩白騾而甚愛之。(愛士)

非而細人所能識也。(慎勢)

《愛士》例中的“兩白騾”是三級向心結構,處在最外層位置上的“兩”屬(C)類限制性修飾語;《慎勢》例中的“而細人”是三級向心結構,處在最外層位置上的“而”屬同位性修飾語。

含“之”的多級向心結構,處在最外層位置上的修飾語祇可以是限制性修飾語(A)、(B)兩類。例見上文。

4. 虛詞“之”在向心結構中的作用

4.1 虛詞“之”在向心結構中是修飾關係的明確標記

修飾語與中心語之間如果沒有“之”,有時會使結構關係、結構層次模糊起來。例如:

① 先秦他書中,疑問代詞“誰”也可以出現在“之”前修飾語的位置上,如:《國語・晉語二》:“國,誰之國也。”

先生之年長矣。(去私)

孔墨之弟子徒屬充滿天下。(有度)

春之德風,風不信,其華不盛。(貴信)

如果没有了“之”,則《去私》例中“先生年長”可以有兩種結構劃分,兩種理解:

a. 先生年——長

(按:形容詞謂語句。)

b. 先生——年長

(按:主謂謂語句。)

《有度》例、《貴信》例同:

a. 孔墨——弟子徒屬

(按:中心語爲並列結構,猶“孔墨之弟子及徒屬”。)

b. 孔墨弟子——徒屬

(按:修飾語爲偏正結構,猶“孔墨弟子之徒屬”。)

a. 春德——風

(按:名詞謂語句。)

b. 春——德風

(按:動詞謂語句。“德”用作動詞。)

上述各例由於有了“之”,句中的向心結構,其結構關係、結構層次都明晰起來。

修飾語與中心語之間有無“之”,有時雖然不涉及結構關係、結構層次的變化,但有區别修飾語語義類型的作用。從修飾語的語義類型來看,兩個名詞構成的向心結構“名$_1$ + 名$_2$”具有“限制”、“描寫”、“同位”三種語義關係,是個多義格式;而向心結構“名$_1$ + 之 + 名$_2$”衹有“限制”一種語義關係;因此,具有“描寫”、“同位”兩種語義關係的“名$_1$ + 名$_2$”不能變换爲“名$_1$ + 之 + 名$_2$”。① 《分職》中有兩個典型的例句:一是“公衣狐裘”,一是“衣狐之皮”。前者“狐”直接作修飾語,後者“狐”藉

① 關於不含“之”的體詞性向心結構與含“之”的體詞性向心結構之間的變换,參見本書三 《〈吕氏春秋〉不含“之”的體詞性向心結構的考察》。

助“之”作修飾語。兩句修飾語形式不同,語法意義各異。“狐裘”之“狐”指狐皮,在於説明“裘”的質料:“狐之皮”之“狐”指狐狸,在於限制“皮”的歸屬。前者是描寫性修飾語,後者是限制性修飾語。由於單音名詞充當的描寫性修飾語,不能變换爲含“之”的形式;因此,“狐裘”不能説成“狐之裘”。

4.2　虚詞“之”是向心結構複雜化的必要的語法手段

凡複雜的修飾語(作爲特例的“所”字結構、“者”字結構除外)必須藉助“之”,極少例外。如:

此陰陽不適之患也。(重己)

王方為太子之時。(知士)

此伊尹生空桑之故也。(本味)

猶尚有管叔蔡叔之事與東夷八國不聽之謀。(察微)

(以上修飾語爲主謂結構)

已動之後四十三年。(制樂)

是失相與友之道。(序意)

吾先君之寶也。(權勛)

(以上修飾語爲偏正結構)

命之曰伐性之斧。(本生)

是殺無罪之民。(禁塞)

未有蚩尤之時。(蕩兵)

(以上修飾語爲動賓結構)

賢不肖安危之所定也。(圜道)

刑戮死辱之人也。(尊師)

則君臣父子兄弟朋友夫妻之際敗矣。(壹行)

師操不化不聽之術。(勸學)

以供皇天上帝名山大川四方之神。(季夏)

(以上修飾語爲並列結構)

凡複雜的中心語亦須藉助“之”。如：

可以勝人之厚禄教卒。（簡選）

愛己之一蒼璧小璣。（重己）

盡殺崔杼之妻子及枝屬。（慎行）

4.3 虛詞“之”有協調聲氣的作用

漢語在其發展過程中有音節偶化的趨勢。關於這一問題，《馬氏文通》已有較爲詳細的論述。比如在論及“之”出現在“偏次”（指由名詞、代詞充當的名詞修飾語）的情況時說：“偏正兩次之間，‘之’字參否無常。惟語欲其偶，便於口誦，故偏正兩奇，合之爲偶者，則不參‘之’字。……又或偏次字偶而正次字奇，與偏次字奇而正次字偶者，概參‘之’字以四之。”①上文指出：含“之”的二級向心結構中，修飾語的音節以複音節爲常例，中心語的音節以單音節爲常例，二者形成鮮明的對立。這正符合漢語音節偶化的趨勢。《吕》含“之”的向心結構中，偶數音節者約佔70%（詳見下文表二），印证了《馬氏文通》的論斷。

古人行文講求排偶，排偶的句子往往結構相同。例如：體詞性向心結構與體詞性向心結構排偶，其一般的規律是：不含“之”的向心結構與不含“之”的向心結構排偶，含“之”的向心結構與含“之”的向心結構排偶。如：

天道圜，地道方。（圜道）

無變天之道，無絶地之理，無亂人之紀。（孟春）

但有時，也出現不含“之”的向心結構與含“之”的向心結構排偶的現象。如：

此國所以遞興遞廢也，亂難之所以時作也。（恃君）

此褒姒之所用死，而平王所以東徙也。（疑似）

仔細考察，《恃君》例中，“國所以遞興遞廢”7個音節，“亂難之所以時作”也是7個音節，“之”的有無，顯然是爲了使句子的音節更爲整齊，以

① 見《馬氏文通》，P91～92.

協調聲氣。《疑似》例同。

4.4 虛詞“之”具有突出修飾語的作用

《吕》中,單音節修飾語修飾單音節中心語構成雙音節向心結構是常例(約佔不含“之”的向心結構總數的92%),這也符合漢語音節雙音化的趨勢;但是,在考察中我們也看到,仍有部分含“之”的三音節向心結構(295例)。如:

無變天之道,無絶地之理,無亂人之紀。(孟春)

臣之兄犯暴不敬之名。(至忠)

人之情,不能樂其所不安。(誣徒)

夫水之性清,土者抇之,故不得清;人之性壽,物者抇之,故不得壽。(本生)

人不愛倕之指,而愛己之指。(重己)

“天之道”本可以説“天道”(見上文《圜道》例),“臣之兄”可以説“臣兄”(《至忠》:“臣兄之有功也於車下。”),“人之情”亦可以説“人情”(《誣徒》:“反諸人情。”),爲甚麽一定要藉助“之”呢?從認知上看,不含“之”的向心結構表達(或激活)的是一種單一的意象,它並不突出修飾語所表示的性質;而含“之”的向心結構表達(或激活)的是一種複合性的意象,它突出中心語指稱的事物具有修飾語所表示的某種性質。① 這從《本生》例、《重己》例看得尤爲明顯。兩例均爲排偶句,以排偶的形式進行對比:“水之性”對“人之性”,“倕之指”對“己之指”。由於中心語相同,對比的焦點是修飾語。“之”的存在,明顯地突出了修飾語的地位,突出了對比的焦點。

① 參見袁毓林.《定語順序的認知解釋及其理論蘊涵》一文,載《中國社會科學》,1999(2)

5.《吕》時代,含"之"的向心結構的發展

《吕》時代,含"之"的向心結構同《左傳》(下文簡稱《左》)相比,有了新的發展,從以下兩個表即可見一斑。 表一:

	《吕》	《左》
向心結構	2087①	2344②
名+之+名	1725 (82.7%)	2211 (95%)
動+之+名	312 (14.9%)	103 (4%)
形+之+名	50 (2.4%)	30 (1%)

表一表明:《吕》中,雖然名詞充當修飾語的數量同《左》一樣佔絶大多數,但動詞與形容詞充當修飾語的數量比《左》有了較大的增長。

表二:

	《吕》	《左》
三音節	14.1%〈295〉	22%
四音節	57.3%〈1195〉	61%
五音節	12%〈251〉	10.4%
六音節	8.1%〈169〉	4.2%
六音節以上	8.5%〈178〉	2.4%
偶數音節	69.4%〈1448〉	66%
奇數音節	30.6%〈639〉	34%

表二表明:(1)《吕》中,含"之"的、結構最簡單的、三音節向心結構的數量同《左》相比明顯減少,而含"之"的、結構相對複雜的、六音節及六音節以上向心結構的數量同《左》相比明顯增加。(2)漢語音節偶化

① "其+名"相當於"名+之+名",爲與《左傳虚詞研究》對比,"其+名"未計在内。又:統計數字包括含"之"的三級、四級向心結構。

② 見何樂士.《左傳虚詞研究》,商務印書館 1989. P57～58.

的趨勢仍在繼續。

《吕》與《左》的對比表明，至《吕》時代，向心結構在複雜化的道路上比《左》又前進了一大步。

6. 結語

(1)《吕》中，含“之”的體詞性向心結構的基本形式爲二級向心結構(約佔總數的97%)，三級向心結構很不發達，四級向心結構偶見。

(2) 含“之”的多層向心結構中，一般衹含有1個“之”，位置在最外層的修飾語之後。

(3) 含“之”的多層向心結構中，衹有名詞語出現在最外層的位置，極少例外。從語義的角度看，處在最外層的修飾語都是限制性修飾語。

(4) 虛詞“之”是修飾關係的明確標記，是向心結構複雜化的必要的語法手段，同時還有協調聲氣、突出修飾語的作用。

(5)《吕》時代，含“之”的向心結構在複雜化的道路上比《左》又前進了一大步。

【伍】《吕氏春秋》謂詞性向心結構中修飾語的内部差異及其語序

本書將在《吕》量化的語言材料的基礎上,考察以下問題:1.謂詞性向心結構的構成;2.不同類别的詞語充當謂詞性向心結構修飾語的差異;3. 謂詞性向心結構中虚詞的有無及其作用;4.多級向心結構修飾語的語序。

1. 向心結構的界定

(1) 向心結構這個概念是布龍菲爾德在1933年根據分佈的標準提出來的,依照布龍菲爾德的標準,至少有一個直接成分與結構整體的語法功能相同的句法結構叫向心結構。向心結構分爲兩類:並列的(co-ordinative 或系列的 serial)和從屬的(subordinative 或修飾的 attributive)。① 本書衹考察《吕》中"從屬的"向心結構。

(2) 依照布龍菲爾德的標準,漢語中的偏正結構、述賓結構都是"從屬的"向心結構,衹不過前者"心"在後,後者"心"在前罷了。關於述賓結構是否是向心結構,漢語語法學界尚有不同意見②,對此,我們將另撰專文討論。本書考察的謂詞性向心結構僅指修飾語在前、中心語

① 參見布龍菲爾德.《語言論》(漢語譯本),商務印書館,1980. P239~241.

② 徐通鏘先生認爲:向心字塊的"心"在後,離心字塊的"心"在前;動賓結構屬離心字塊。參見《語言論》,東北師範大學出版社,1997.10,P531~544.

爲謂詞(動詞、形容詞,以及作謂語的名詞)的偏正結構,即一般語法著作中所説的"狀中結構"。

(3) 一個多層次結構,如果每一層次的中心語都是向心結構,我們稱之爲多級向心結構。例如"其名又甚不榮"(順説)中的"又甚不榮"就是一個多層次向心結構:

又 甚 不 榮
└┘ └────┘
　 └┘ └──┘
　　　 └┘└┘

第一層,"又"是修飾語,"甚不榮"是中心語;第二層,"甚"是修飾語,"不榮"是中心語,第三層,"不"是修飾語,"榮"是中心語。按照上述分析,向心結構的位置可以由"心"向外分爲幾級;如"又甚不榮"爲四級向心結構:中心語"榮"爲第一級,"不"爲第二級,"甚"爲第三級,"又"爲第四級。①

關於多級向心結構的"級"需要説明的是:

① 同義(或反義)並列短語充當修飾語我們視爲同一級修飾語。如:"日夜不休"(安死)中的"日夜","荆人尚猶循表而道之"(察今)中的"尚猶","一時而五六死"(辯土)中的"五六","臣而今而後知吾先君周公之不若太公望封之知也"(長利)中的"而今而後","世世乘車食肉"(安死)中的"世世"等。

下面的例句與上述例句中並列短語的情况不同,如:

白民之南,建木之下,日中無影。(有始)

指姑之東,中容之國,有赤木玄木之葉焉。(本味)

《有始》例中,"白民之南"、"建木之下"雖然都是名詞語,在語義上都表示空間,但前者表示方位,後者表示處所,二者不是並列短語;因此,我們把"白民之南"、"建木之下"視爲不同級的修飾語。《本味》例同。

② 充當修飾語的短語(如介詞短語、動詞短語)其内部的結構關係、結構層次與向心結構的級無關。如:

① 參見布龍菲爾德.《語言論》(漢語譯本),商務印書館,P239～241

我以不受為寶。(異寶)

自今以往,魯人不贖人矣。(察微)

《異寶》例中,介詞短語"以不受"充當修飾語,盡管"以不受"内部包含着一個謂詞性向心結構"不受",但"以不受爲寶"仍爲介詞短語充當修飾語的二級向心結構。《察微》例中,動詞短語"自今以往"充當修飾語,盡管"自今以往"自身就是一個謂詞性向心結構,但"自今以往,魯人不贖人矣"仍爲動詞短語充當修飾語的二級向心結構。

2.《吕》中謂詞性向心結構的構成

關於所用符號的説明:

m—— 名詞(包括名詞語,下同)充當修飾語,x—— 形容詞充當修飾語,d—— 動詞充當修飾語,f—— 副詞充當修飾語,a—— 代詞充當修飾語,s—— 數詞充當修飾語,j—— 介詞短語充當修飾語。e—— 連詞"而",y—— 連詞"以",z—— 連詞"則"。

《吕》中,謂詞性向心結構共出現 9392 例,根據修飾語與中心語之間是否出現連詞,可分爲不含虛詞的與含虛詞的兩類。

2.1 不含虛詞的謂詞性向心結構

《吕》中,不含虛詞的謂詞性向心結構共出現 9296 例,分類列舉如下:

2.1.1 二級向心結構〈8191〉

m.〈802〉 明日君朝。(精諭)

x.〈373〉 聖人深慮天下。(貴生)

d.〈49〉 兼愛天下。(審應)

f.〈5505〉 三公九卿諸侯大夫皆御。(孟春)

s.〈112〉 天子三推。(孟春)
a.〈233〉 車不自行。(用民)
j.〈1117〉 我為汝唱,汝為我和。(順説)

2.1.2 三級向心結構〈1040〉

mm〈9〉 今日南面。(勿躬)
mx〈8〉 然後大勝楚於柏舉。(首時)
mf〈84〉 今將輸之粟。(長攻)
ms〈3〉 一日三至。(下賢)
ma〈1〉 今自以賢過於堯舜。(壅塞)
mj〈2〉 今以百金與摶黍以示兒子。(異寶)
xx〈1〉 而先疾鬥爭。(安死)
xm〈1〉 吾今見民之洋洋然東走而不知所處。(貴直)
xf〈18〉 禍希不及身。(原亂)
xj〈6〉 先為其師言所夢。(博志)
ff〈538〉 必無受利地。(異寶)
fm〈15〉 我亦國士事之。(不侵)
fx〈57〉 天必先見祥乎下民。(應同)
fa〈44〉 夫死殃殘亡非自至也。(重己)
fd〈4〉 將生烹文摯。(至忠)
fs〈9〉 天不再與。(首時)
fj〈160〉 先君必以此教之也。(長攻)
jj〈4〉 於是與蔡侯以饗禮入於息。(長攻)
jm〈4〉 宓子賤從旁時掣摇其肘。(具備)
jx〈12〉 以淺闕博居天下。(任數)
ja〈4〉 而終身自以為用九石。(壅塞)
js〈2〉 與勿知一貫也。(知化)
jf〈50〉 終身不忘。(貴公)/ 以兵相殘。(謹聽)
df〈1〉 日夜分複生。(審時)
aa〈2〉 奚自知其身之不逮也。(謹聽)

sj〈1〉 願一與吴徼天下之衷。(順民)

2.1.3 四級向心結構〈59〉

mmf〈2〉 今甲子不至。(貴因)
mff〈4〉 後將必敗。(别類)
mfj〈2〉 後世將何以稱夫子。(尊師)
mfx〈1〉 今又私患。(壅塞)
mjf〈1〉 每朝與其友俱立乎衢。(離俗)
fff〈15〉 王故尚未之知邪。(審己)
ffa〈3〉 有勢則必不自私矣。(忠廉)
ffx〈6〉 其唯先有度。(去宥)
ffj〈6〉 不唯以身下士邪。(下賢)
ffd〈1〉 説亦皆如此其辯也。(必己)①
faf〈1〉 尚胡革求肉而為。(當務)
fjm〈1〉 常從西海夜飛游於東海。(本味)
fjd〈1〉 果以鼎生烹文摯。(至忠)
fjf〈3〉 乃與要離俱涉於江。(至忠)
fja〈4〉 不以人之壞自成也。(誠廉)
fxf〈1〉 乃先佯善蔡侯。(長攻)
aff〈1〉 奚啻其有道也。(當務)
jff〈3〉 終身不復鼓琴。(本味)
jfj〈1〉 建與連尹將以方城外反。(慎行)
jmx〈1〉 武王與周公旦明日早要期。(貴因)
jjf〈1〉 而以心與人相索。(下賢)

---

① “如此其辯”,依《馬氏文通》説,當與“如此之辯”、“如此辯”同一句法、“‘之’‘其’兩字之加否。與文意無涉也”。參見《馬氏文通》,商務印書館,1983. P247～248.本書依馬氏之説,將“其”視爲助詞。

2.1.4 五級向心結構〈5〉

mxfx〈1〉 今多不先定其是非。(安死)
fmfj〈1〉 臣乃今將為君勉之。(達鬱)
ffmf〈1〉 未嘗少選不用。(蕩兵)
ffja〈1〉 豈非以自讎邪。(正名)
xjjf〈1〉 惠子施也難以辭與公相應。(不屈)

2.1.5 六級向心結構〈1〉

fffja〈1〉 其患又將反以自多。(知度)

2.2 含虛詞的謂詞性向心結構

《呂》中,含虛詞的謂詞性向心結構共出現 96 例,分類列舉如下:

2.2.1 二級向心結構〈80〉

me〈38〉 期年而有扈氏服。(先己)
my〈4〉 諸侯四面以達。(長利)
mz〈4〉 夏日則食菱芡。(恃君)
fe〈1〉 子路與子貢相與而言曰。(慎人)
xe〈5〉 父母全而生之。(孝行)
xy〈1〉 難以行。(開春)
de〈4〉 柰何而可。(義賞)
jy〈8〉 自上世以來。(恃君)
je〈15〉 胡為而食我。(介立)

2.2.2 三級向心結構〈16〉

myf〈2〉 日以相危。(明理)
mej〈1〉 少而與子友。(序意)
mef〈4〉 湯武一日而盡有夏商之民。(分職)

mes〈1〉 一時而五六死。(辯土)
fje〈2〉 湯又因務光而謀。(離俗)
fmy〈1〉 將何所以得組也。(去尤)
xyf〈1〉 日月星辰之行多以不當。(先識)
xef〈1〉 久而相信。(慎行)
jes〈1〉 請為寡人而一歸也。(報更)
dem〈1〉 以日倪而西望知之。(序意)
def〈1〉 始而相與。(慎行)

上述考察結果表明:《吕》中,多級謂詞性向心結構尚不發達,二級向心結構,尤其是不含虛詞的二級向心結構(約佔謂詞性向心結構總數的 88%),是謂詞性向心結構的基本形式。

3.《吕》中,不同類別的詞語充當修飾語存在的差異

《吕》中,不同類別的詞語充當修飾語存在的差異表現在以下幾個方面:1. 語義類別的差異;2. 語義指向的差異;3. 位置的差異;4. 各級分佈的差異。下面分別加以説明。

3.1 語義類別的差異

謂詞性向心結構按其修飾語的語義類別可分爲以下 10 個小類:

時間 / 空間 / 範圍 / 關涉 / 數量 / 程度 / 否定 / 語氣 / 連接 / 情狀

不同類別的詞語充當修飾語,其語義類別及頻率都存在着差異。茲列

表如下①：

語義類別 修飾詞語類別	時間	空間	範圍	關涉	數量	程度	否定	語氣	連接	情狀
名詞 955	689	199		16	13					38
動詞 56	11									45
形容詞 488	128				50	118				192
數詞 127					127					
代詞 295				101		10				184
副詞 7124	442		622			262	3730	828	628	612②
介詞短語 1426	85	91		1250						

按：表中“名詞”、“動詞”、“形容詞”包括“名詞短語”、“動詞短語”、“形容詞短語”。下文同。

從上表可以看到，表示範圍、否定、語氣、連接的修飾語衹能由副詞充當；而有些語義類别的修飾語可以由多類詞語充當；但即使是同一語義類别的修飾語，如時間修飾語、空間修飾語等，由於充當修飾語的詞語類别不同，語義上也呈現出不同的差異。

3.1.1 各類詞語充當時間修飾語的差異

《吕》中，名詞、動詞、形容詞、副詞、介詞短語都可以充當時間修飾語。

名詞、動詞、介詞短語充當時間修飾語表示動作變化發生的自然時間（包括起始的時間、持續或終結的時間等）。如：

---

① 表中數字總和爲 10473 例，超出謂詞性向心結構總數 9296 例的部分爲多級向心結構中重複統計的部分。

② 統計數字中包括 2 例轉類的數詞：

孔子周流海内，再干世主，始齊至衛，所見八十餘君。（遇合）

士之速弊一若此乎。（貴直）

《遇合》例中的“再”衹是表示動作行爲的重複，是後代副詞“再”的萌芽。《貴直》例中的“一”表情態，猶“乃”、“竟”。

昏參中,旦尾中。(孟春)

孟春行夏令。(孟春)

晉師己亥涉河也。(察傳)

日夜分復生。(審時)

公將以某日薨。(知接)

昏而生,比旦而大拱。(制樂)

(以上表示動作、變化發生的某一特定時點)

七日不嘗食。(慎人)

三年不言。(重言)

一朝而兩城下。(慎大)

自古及今,未有不亡之國也。(安死)

(以上表示動作、變化發生或持續的某一時段)

無論時點,還是時段,都是限制性修飾語。名詞充當時間修飾語無論表示時點,還是表示時段都是自由的;動詞充當時間修飾語以表示時段爲主;介詞短語充當時間修飾語以表示時點爲主。

形容詞充當時間修飾語不表示動作變化發生的自然時間。形容詞充當時間修飾語或描寫動作、狀態、事件發生的時間順序(包括人們的主觀認定),如:

草木早槁。(孟春)

故聖人必先適欲。(重己)

或描寫動作、狀態持續的性狀,如:

聲色滋味能久樂之。(情慾)

仲冬日短至。(音律)

形容詞充當時間修飾語均爲描寫性修飾語 。

副詞充當時間修飾語表示時態,即表示在某一特定時間(一般指叙説之時)動作變化已經發生,正在發生,將要發生等。如:

父母既没。(孝行)

禹南省,方濟乎江。(知分)

時雨將降。(季春)

姑求肉乎。(當務)

天下無誅伐，則諸侯之相暴也立見。（蕩兵）

副詞充當時間修飾語，均爲限制性修飾語。

3.1.2 各類詞語充當空間修飾語的差異

《吕》中，衹有名詞、介詞短語可以充當空間修飾語，均屬限制性修飾語。二者的差異在於：

名詞充當空間修飾語主要表示移動的方向（140 例，約佔總數 64%），及動作變化發生的處所、空間（75 例，約佔 36%）。如：

天氣下降，地氣上騰。（孟春）

北飛。（音初）

白民之南，建木之下，日中無影。（有始）

山處陸居。（長攻）

介詞短語充當空間修飾語主要表示移動的起點（84 例，約佔總數 92%），僅少數表示空間處所（7 例，約佔 8%）。如：

有人自天降。（明理）

其劍自舟中墜於水。（察今）

常從西海夜飛游於東海。（本味）

奚由至哉。（尊師）

於故記果有。（至忠）

換句話說，《吕》中，表示動作變化的空間處所主要用名詞修飾語，而表示移動的方向衹用名詞修飾語，表示移動的起點衹用介詞短語。下面的例句很能顯示出這一差異：

故令師從東方出於國西以進。（慎大）

表示移動的起點用介詞短語“從東方”，表示移動的方向用名詞修飾語“西”。①

3.1.3 各類詞語充當表關涉的修飾語存在的差異

《吕》中，衹有名詞、代詞、介詞短語充當表示關涉的修飾語。關涉

① “西以進”爲含虛詞“以”的謂詞性向心結構。

包括對象、工具、憑藉、原因等。表示關涉的修飾語屬限制性修飾語。《吕》中,衹有少數名詞充當表示關涉的修飾語(21 例,不到表示關涉的修飾語總數的 2%),如:

草食者羶。(本味)

目擊而道存矣。(精諭)

吾義不食子之食也。(介立)

子何故言伐莒。(重言)

充當表示關涉修飾語的代詞都是疑問代詞(101 例,約佔總數的 7%)。《吕》中,疑問代詞除"誰"一詞之外均可充當修飾語。疑問代詞充當修飾語時,絶大多數徒具疑問形式而不表疑問。如:

回何敢死。(勸學)

性惡得不傷。(本生)

夫安敢畏。(勸學)

僅有個别疑問代詞充當修飾語詢問原因(4 例),如:

使人召而問之曰:"子何擊磬之悲也?"(精通)

(其僕曰)今侯渫過而弗辭?(觀表)

《吕》中,表示關涉的修飾語絶大多數由介詞短語充當(約佔總數的 91%),如:

我為汝唱,汝為我和。(順説)

故晏子與崔杼盟而不變其義。(知分)

(以上表示涉及對象)

以人之小惡亡人之大美。(舉難)

女何為而餓若是。(報更)

(以上表示原因或目的)

以隨侯之珠彈千仞之雀。(貴生)

精氣之來也,因輕而揚之。(盡數)

疑則從義斷事。(召類)

(以上表示工具、憑藉或方式)

由名詞充當的表示關涉的修飾語多數可以變換爲由介詞充當的表示關涉的修飾語,二者在語義上没有大的差異。如:

吾義不食子之食也——吾以義不食子之食也

其以義進退邪。(行論)

3.1.4 各類詞語充當表數量的修飾語存在的差異

表示數量的修飾語包括表示次序的修飾語。《吕》中,衹有名詞語、形容詞、數詞充當表示數量的修飾語。

僅見個别名詞語充當表示數量的修飾語,如"太上"、"其次",而且衹表示次序,屬限制性修飾語。如:

凡持國,太上知始,其次知終,其次知中。(察微)

形容詞充當表示數量的修飾語僅見"多"、"少"、"希"三詞。如:

王多賜之金。(壅塞)

少泊之則焦而不熟。(應言)

禍希不及身。(原亂)

形容詞充當表示數量的修飾語,不表示確定的數量,而衹是對數量的狀態進行描寫,屬描寫性修飾語。

數詞充當表示數量的修飾語以表基數爲常例(124 例,約佔總數的 98%)。如:

天子三推,三公五推,卿諸侯大夫九推。(孟春)

病萬變,藥亦萬變。(察今)

偶爾表序數(3)。如:

舜一徙成邑,再徙成都,三徙成國。(貴因)

數詞充當修飾語表序數,語義單一,衹計動作行爲的次序。《貴因》例中,"一徙"、"再徙"、"三徙"即"第一次遷徙"、"第二次遷徙"、"第三次遷徙"。

數詞充當修飾語表基數,語義複雜,以計動作行爲的次數爲主(94 例,約佔總數的 76%)。計動作行爲的次數,或實指,如《孟春》例中的"三推"即"推三次";或虚指,如《察今》例中的"萬變"即"變萬次","萬"虚指,極言變化之多。

數詞充當修飾語表基數,除計動作行爲次數之外,還表示如下語義:

(1) 計動作行爲的結果〈8〉。如：

三分所生，益之一分以上生。(音律)

子之於父母也，一體而兩分。(精通)

《音律》例中所謂“三分”，不是“分三次”，而是“分爲三等分”，“三”計述謂中心語“分”的結果。

(2) 兼總括範圍、方位〈13〉。如：

冬與夏不能兩刑，草與稼不能兩成。(博志)

天下之兵四至。(不屈)

《博志》例中的“兩刑”的意思是“(冬夏)兩種事物同時形成”(“刑”通“形”)，“兩”實指“(同時具有某一行爲的)相關的雙方”。《不屈》例中的“四”也不是計動作的次數，而是兼總括方位，概指“四面八方”。

(3) 兼表示方式〈1〉。

專諸是也，獨手舉劍至而已矣，吴王壹成。(論威)

《論威》例中的“壹成”，據高誘注，並非“成功一次”的意思，而是“一舉成功”，“壹”兼表示“成”的方式。①

3.1.5 各類詞語充當表程度的修飾語存在的差異

《吕》中，祇有形容詞、副詞、代詞可以充當表示程度的修飾語。

形容詞充當表示程度的修飾語，用以描寫動作變化的程度，屬描寫性修飾語。或描寫動作變化程度之高，或描寫動作變化程度之微。如：

聖人深慮天下。(本生)

齊君聞之，大駭。(士節)

馬齒亦薄長矣。(權勋)

副詞充當表示程度的修飾語，主要用以表示性質的程度，屬限制性修飾語。按其意義大致可分爲二類：(1)表示程度高；(2)表示程度在變化之中。如：

且其子至惡，商咄至美也。(去尤)

---

① 高誘注：“專諸一舉而成闔廬爲王，故曰吴王一成。成，謂專諸能成吴王也。”

故太巨、太小、太清、太濁,皆非適也。(適音)

心甚素樸。(士容)

(以上表示程度高)

亡國辱主愈衆。(先己)

目益明,耳益聰。(贊能)

國彌大,家彌富,葬彌厚。(節喪)

(以上表示程度在變化之中)

代詞充當表示程度的修飾語僅限於疑問代詞“何”。“何”充當修飾語,有時感嘆動作變化程度之高,屬限制性修飾語。如:

其音何類吾夫之甚也。(恃君)

子之行何其惑也。(不侵)

侍者為吾聽行於齊王也,夫何阿哉。(達鬱)

3.1.6 各類詞語充當表情狀的修飾語存在的差異

情狀包括比擬、情狀、方式 3 個小類。《吕》中,名詞、動詞、形容詞、副詞、代詞都可以充當表示情狀的修飾語。

名詞充當表示情狀的修飾語,包括上述比擬、情狀、方式 3 個小類,均屬描寫性修飾語。如:

夫衆人畜我者,我亦衆人事之。(不侵)

鮒入而鯢居。(貴直)

文王貌受以告諸侯。(過理)

其民聚生群處。(順民)

則福日衰災日隆。(序意)

動詞、形容詞、副詞充當表示情狀的修飾語,衹包括情狀、方式 2 個小類,均屬描寫性修飾語。如:

將生烹文摯。(至忠)

兼愛天下之心也。(審應)

公子勉去矣。(當賞)

(以上爲動詞充當表示情狀的修飾語)

百病怒起。(情慾)

孔子憱然推琴。(慎人)

今以衆地者,公作則遲。(審分)

整設於屏外。(季秋)

(以上爲形容詞充當表示情狀的修飾語)

五穀復生。(仲秋)

田獵之獲常過人矣。(貴當)

遽告太公。(貴因)

(以上爲副詞充當表示情狀的修飾語)

代詞充當表示情狀的修飾語僅限於“自”一詞,而且衹表示方式,屬限制性修飾語。如:

車不自行。(用民)

宣王自迎静郭君於郊。(知士)

3.2 語義指向的差異

所謂語義指向是指修飾語在語義上與句中哪個詞語有直接的聯繫。例如:

吴師大敗。(順民)

聲色滋味能久樂之。(情慾)

今以衆地者,公作則遲。(審分)

天子三推,三公五推,卿諸侯大夫九推。(孟春)

有人自南方來,鮒入而鯢居。(貴直)

三公九卿諸侯大夫皆御。(孟春)

黄鐘之宫皆可以生之。(古樂)

《順民》例,修飾語“大”在語義上與“吴師”無直接關係,而是描寫中心語“敗”的程度。《情慾》例,修飾語“久”在語義上與“聲色滋味”無直接關係,也與承上省略的“古人得道者”無直接關係,而是描寫中心語“樂”持續的性狀。《審分》例,修飾語“公”描寫中心語“作”的方式。《孟春》前例,修飾語“三”、“五”、“九”分别計中心語“推”的次數。《貴直》例,修飾語“鮒”、“鯢”比擬承上省略的主語“人”的情狀。《孟春》後例,修飾語

“皆”總括主語“三公九卿諸侯大夫”的範圍。《古樂》例，“之”代上文鳳凰鳴叫發出的十二種聲音。這句的意思是：這十二種聲音都可以由黄鐘律的宫音派生出來。修飾語“皆”總括賓語“之”的範圍。我們稱《順民》、《情慾》、《審分》、《孟春》前例修飾語語義指向中心語，《貴直》、《孟春》後例修飾語語義指向主語，《古樂》例修飾語語義指向賓語。

《吕》中，各類詞語充當修飾語，其語義指向中心語的比例統計如下：

動詞、數詞、介詞短語（均 100%）；

名詞(99%)、副詞(92%)、形容詞(85%)；

代詞(39%)。

上述統計表明，各類詞語充當修飾語，其語義一般都指向中心語；語義指向與充當修飾語的詞語的類别有關。

當我們進一步考察充當修飾語的名詞、副詞、形容詞、代詞的語義指向時發現，語義指向不僅與詞的小類有關，而且與修飾語的語義類别有關。分述如下：

3.2.1 名詞充當修飾語

衹有普通名詞充當表示比擬的修飾語，其語義才有指向主語、指向賓語之别。如：

執箕帚而臣事之。(順民)

夫國士畜我者，我亦國士事之。(不侵)

（語義指向主語，比擬施事者的身份。）

夫國士畜我者，我亦國士事之。(不侵)

（語義指向賓語，比擬施事者對待受事者的態度。）

3.2.2 形容詞充當修飾語

考察《吕》，形容詞充當修飾語，描寫程度者、描寫方式者、描寫時間者語義均指向中心語，分别見上文《順民》、《情慾》、《審分》諸例。

描寫數量者有“多”、“少”、“希”3 詞，語義均指向主語、或賓語所指的事物；如：

A. 民多相掠。(仲春)

禾多死。(辯土)

天下之學者多辯。(察今)

其朝臣多賢。(貴當)

今之法多不合乎古之法者。(察今)

失國之主多如宣王。(驕恣)

禍希不及身。(原亂)

B. 公息忌雖多為組。(去尤)

王多賜之金。(壅塞)

少泊之則焦而不熟。(應言)

A組例句中,“多”、“希”語義指向主語;B組例句中,“多”、“少”語義指向賓語。考察《吕》中形容詞充當修飾語描寫數量的例句,我們得出以下幾點印象:

(1) 語義指向主語的句子,其所修飾的述謂中心語可以是動詞,也可以是形容詞;而語義指向賓語的句子,其所修飾的述謂中心語衹能是動詞。

(2) 語義指向主語的句子,其所修飾的動詞可以帶賓語,也可以不帶賓語;而語義指向賓語的句子,其所修飾的動詞必須帶賓語。

(3) 語義指向主語的句子,其主語必須是複數,其賓語或爲單數,或爲複數不限;語義指向賓語的句子,其賓語必須是複數,其主語一般是單數;换句話説,賓語是單數的,語義指向主語;主語是單數的,語義指向賓語;主語與賓語均爲複數的,充當修飾語的形容詞其語義一般指向主語。

(4) 語義指向主語的句子,充當修飾語的形容詞之前偶爾可以出現表總括的範圍副詞“皆”。如:

韓荆趙此三國者之將帥貴人皆多驕矣,其士卒衆庶皆多壯矣。(介立)

描寫情狀者較爲複雜,其語義以指向中心語爲常例(157例,約佔描寫情狀者總數的85%),如:

百病怒起。(情慾)

子不如速與我衣。(淫辭)

卒然相遇於涂。(當務)

少數指向主語〈23〉,如:

管仲敬諾。(貴公)

孔子憱然推琴。(慎人)

孔子烈然返瑟而弦,子路抗然執干而舞。(慎人)

語義指向主語的形容詞,其詞義多是描寫人的心理狀態的,如"敬"、"傲"、"謹"、"然"、"烈然"、"抗然"等。

亦偶有指向賓語者〈1〉,如:

鍾況然有音。(自知)

"況然"摹擬"音"之聲。

當述謂中心語爲似類動詞(如"若"、"如")時,充當修飾語的形容詞描寫情狀,其語義似乎可以同時指向主語及賓語〈3〉。如:

善哉乎鼓琴!巍巍乎若泰山。(本味)

湯湯乎若流水。(本味)

愉愉其如赤子。(長利)

《本味》例,"巍巍乎"似乎既是描寫鼓琴者向往泰山的志向,又是描寫"泰山"之狀;《長利》例,"愉愉其"似乎既是描寫承上省略的主語"民"的心理狀態,又是描寫賓語"赤子"之狀。

3.2.3 副詞充當修飾語

祇有範圍副詞充當修飾語,其語義纔可以指向主語、賓語,偶爾還指向補語。如:

三公九卿諸侯大夫皆御。(孟春)

百工咸理。(季春)

賢良盡死。(似順)

(以上指向主語)

越王授有子四人,越王之弟曰豫,欲盡殺之。(審己)

盡食其肉,獨舍其肝。(忠廉)

湯、武非徒能用其民也。(用民)

(以上指向賓語)

中非獨弦也。(具備)

惕然而悟,徒夢也。(離俗)

(以上指向謂語)

凡文王立國五十一年而終。(制樂)

"凡"爲"總共"之義,語義指向補語"五十一年"。

範圍副詞按其意義可分爲"表總括"和"表限定"二類,前者如"皆"、"盡"、"咸"、"凡"等,後者如"獨"、"惟"、"徒"、"特"等。考察《吕》,表總括的範圍副詞語義以指向主語爲主,其次指向賓語,祇有"凡"一詞偶爾指向補語;表限定的範圍副詞語義或指向賓語,或指向主語,或指向謂語。①

3.2.4 代詞充當修飾語

己身稱代詞充當修飾語,其語義指向主語。如:

宣王自迎静郭君於郊。(本生)

車不自行。(用民)

疑問代詞充當修飾語,其語義指向述謂中心語。如:

子之行何其惑也。(不侵)

3.3 位置的差異

《吕》中,修飾語在句中的位置有二:一是在主語之前,一是在主語之後。修飾語的位置與充當修飾語的詞語類别有關,與修飾語的語義類别有關。

名詞語充當修飾語,在主語之前者 689 例,在主語之後者 376 例。凡表示順序的修飾語祇出現在主語之前;表示時間、空間的修飾語既可出現在主語之前,又可出現在主語之後;凡表示關涉、情狀的修飾語祇出現在主語之後。

動詞語充當修飾語,在主語之前者 10 例(包括無主句),祇表示時

① 見殷國光,《吕氏春秋詞類研究》,華夏出版社,1997. P273～179.

間;在主語之後者46例,均表示情狀。

形容詞充當修飾語位置均在主語之後,僅1例例外:

登山者處已高矣,左右視,尚巍巍焉山在其上。(觀世)

數詞充當修飾語,其位置均在主語之後。

副詞充當修飾語,絕大多數副詞出現在主語之後(約佔副詞總量的96%);少量副詞(主要是範圍副詞)可以出現在主語之前;其中"凡"、"既而"、"意者"衹出現在主語之前。

代詞充當修飾語,其位置均在主語之後。

介詞短語充當修飾語,其位置在主語之後;惟少數表示時間的介詞短語充當修飾語時,其位置可以出現在主語之前,如:

於是晉無君,公子夷吾重賂秦以地而求入。(原亂)

及禹之時,天先見草木秋冬不殺。(應同)

當是時也,晉文公適薨。(悔過)

3.4 各級分佈的差異

級別 / 詞語類別	六級	五級	四級	三級	二級
名詞		1	11	111	832
動詞			1	55	
形容詞		1	1	26	460
數詞			1	126	
代詞		1	2	292	
副詞	1	5	45	871	6202
介詞短語			7	92	1328

各類詞語出現在多級向心結構中,各級的頻率,在某種程度上反映了各類詞語構成多級向心結構的能力。據上表統計,各類詞語構成多級向心結構的能力大體上可以描寫爲:

副詞>名詞 >介詞短語> 形容詞>代詞>數詞 / 動詞

4. 含虚詞的謂詞性向心結構的考察

4.1 關於謂詞性向心結構中虚詞的考察

《吕》中,含虚詞的謂詞性向心結構共計 96 例(其中二級向心結構 80 例,三級向心結構 16 例),約佔謂詞性向心結構總數的 1%。

出現在謂詞性向心結構中的虚詞僅見"而"〈75〉、"以"〈17〉、"則"〈4〉3 個。①

一個謂詞性向心結構最多衹含有一個虚詞。三級向心結構中,虚詞的位置以在最外層修飾語之後爲常(13 例)。

謂詞性向心結構中的虚詞,其作用是連接修飾語和中心語;以連接名詞修飾語爲主(56 例),介詞短語次之(27 例),以下依次爲形容詞修飾語(8 例)、動詞修飾語(6 例)、副詞修飾語(1 例)。

三個連詞在分佈上存在着差異:1."則"分佈範圍最窄,衹出現在名詞修飾語之後;"以"次之,可以出現在名詞、形容詞、介詞短語等修飾語之後;"而"分佈範圍最寬,可以出現在由各類詞語充當的修飾語之後。2."而"後的中心語可以是主謂短語,也可以是非主謂短語;"則"、"以"後的中心語僅見非主謂短語。(例句均見上文 2.2"謂詞性向心結構分類列舉")

此外,"而"、"以"雖然都可以連接名詞、介詞短語、形容詞修飾語,但也有細微區别。

"而"連接表時間的名詞修飾語,都是限制性修飾語,或表時段,或表時點,如:

① 句首的時間名詞修飾語,其後有時出現"者"、"也"、"夫"等語氣詞,表示停頓,具有强調和提示作用。這類虚詞本書不予討論。

七日而原不下。(為欲)

夜半而死。(長利)

"以" 連接表時間的名詞修飾語,都是描寫性修飾語,如:

魏日以削。(觀表)

"而"連接介詞短語修飾語相對來説比較自由(19 例),介詞可以是"由"、"爲"、"比"、"因"、"於"、"緣"諸詞,修飾語以表示關涉爲主(18 例,僅 1 例表示時間);而"以"却衹連接由介詞"自"構成的介詞短語修飾語(8 例),修飾語以表示時間爲主(7 例,僅 1 例表示空間)。

狀態形容詞修飾語如果用虚詞連接的話,衹用"而"〈3〉;性質形容詞修飾語如果用虚詞連接的話,則既可用"而"〈3〉,也可用"以"〈2〉。

4.2 謂詞性向心結構中虚詞的作用

(1) 虚詞的有無有時有區别意義的作用。例如充當修飾語、表示時段的名詞語。表示時段的名詞語充當修飾語有兩種情况:

A. 七日不嘗粒。(任數)

數月不出。(孝行)

三年不言。(重言)

百日食之。(審時)

B. 三年而知鄭國之政也。(長見)

十二年而莊王霸。(當賞)

三日而聽。(知士)

三日而穀谷亡。(制樂)

A 組例句中,時間修飾語與中心語之間不含虚詞(簡稱 A 式);B 組例句中,時間修飾語與中心語之間含虚詞"而"(簡稱 B 式)。A、B 兩組例句中的"×年/月/日"都表示時段,但細玩文意,又不盡相同。A 組例句中的"×年/月/日"是指"×年/月/日"之内動作變化一直持續,如《任數》例中"七日"是指"七日"之内一直"不嘗粒";而 B 組例句中的"×年/月/日"是指過了"×年/月/日"才發生的動作變化,如《長見》例中的"三年"是指過了三年"知鄭國之政"。考察《吕》,含虚詞的 B 式共出現 13 例,其中至少 11 例是指過了"×年/月/日"才發生的動作變化;不含虚詞的 A 式則指"×年/月/日"之内動作變化一直持續。① 正因爲 A、B 二式語義有别,所以 A、B 二式具有不同的變换。②

(2) 有時虚詞的存在起着凸顯修飾語的作用。試比較以下例句:

一朝而兩城下。(慎大)—— 一朝兩城下。

夏日則食菱芡,冬日則食橡栗。(恃君)——夏日食菱芡,冬日食橡栗。

細玩文意,由於虚詞的存在而突出了修飾語。《慎大》例突出了"一朝"之短,《恃君》例則突出了對比的焦點"夏日"與"冬日"。

(3) 漢語在其發展過程中有音節偶化的趨勢,加之古人行文講求排偶;所以,虚詞還有協調聲氣的作用。如:

魏日以削,秦日益大。(觀表)

日以相危,失人之紀。(明理)

日以相驕,奚時相得。(下賢)

上述諸例,如果没有虚詞"以",盡管語義基本上没有變化,但聲氣方面顯然大受影響。

此外,有時虚詞還兼表某種邏輯關係。如:

千里而有一士,比肩也;累世而有一聖人,繼踵也。(觀世)

"而"表示假設。

5.《吕》中多級向心結構修飾語的語序

各類詞語在多級向心結構中的語序不僅與詞類有關,而且還與其充當修飾語時的語義範疇有關。

① 文中的 A 式不包括帶語音停頓的句首時間名詞修飾語。

② 參見本書六《〈吕氏春秋〉謂詞性向心結構向非向心結構變换的考察》,第 3 節。

5.1 《吕》中各類詞語在多級向心結構中的語序

副詞$_1$＞名詞$_1$＞形容詞$_1$＞代詞$_1$＞副詞$_2$＞介詞短語＞形容詞$_2$＞

副詞$_3$＞ 名詞$_2$ / 數詞 / 動詞 / 代詞$_2$ ］—核心詞

即＞左邊的小類一般都出現在＞右邊小類的前邊。

幾點説明：

(1) 名詞語分爲名詞語$_1$、名詞語$_2$ 兩類：名詞語$_1$ 爲表示時間、順序的修飾語，名詞語$_2$ 爲其他名詞修飾語。

連續出現在同一向心結構中的名詞語僅限於表示時間、空間的詞語，其語序(mm / mmf)可以描寫爲：

時間＞空間

即表示時間的名詞語在前，表示空間的名詞語在後，如：今外之〈1〉、今世上〈1〉、今日南面〈1〉。

如果都是表示時間的名詞語，則時段界限不確定、須隨語境而定的時間名詞在前，如：今甲子〈1〉、昔太古〈1〉。

如果都是表示空間的名詞語，則遵循由大到小的排序原則，表示方位的在前，如：指姑之東、中容之國〈1〉，白民之南，建木之下〈1〉。

(2) 代詞分爲代詞$_1$、代詞$_2$ 兩類：代詞$_1$ 爲疑問代詞，代詞$_2$ 爲非疑問代詞"自"。代詞偶爾連續出現在同一向心結構中，其語序爲代詞$_1$ 在前，如：奚自〈2〉。①

(3) 介詞短語的位置相對自由；以出現在副詞之後爲主〈fj 170〉，但也可以出現在副詞之前〈jf 50〉；以出現在形容詞之前爲主〈jx 12〉，但

① "奚自知其身之不逮也。"(謹聽)陳奇猷注云："奚以自知其身不及堯舜之賢耶?"見《吕氏春秋校釋》，學林出版社，1984. P710. 奚自，即"奚以自"。

也可以出現在形容詞之後〈xj 6〉。

(4) 形容詞分爲形容詞$_1$、形容詞$_2$ 兩類:形容詞$_1$ 爲狀態形容詞,形容詞$_2$ 爲性質形容詞。形容詞$_1$ 位序在副詞之前〈6〉,如:

卒然相遇於涂。(當務)/ 吴起默然不對。(執一)。

形容詞 2 一般都出現在副詞之後〈fx 65〉,少數形容詞可以出現在副詞(僅限於"相"、"不"二詞)之前〈xf 18〉。

(5) 副詞分爲副詞$_1$、副詞$_2$、副詞$_3$ 三類:副詞$_1$ 爲表示反問、測度語氣的語氣副詞,副詞$_3$ 爲表示情狀的情狀副詞,其餘副詞小類爲副詞$_2$。《吕》中,僅見副詞$_1$ 與副詞$_2$、介詞短語或形容詞$_2$ 在同一向心結構中共現。

副詞連續出現的語序(ff / fff / mff / ffx / ffa / aff / jff / ffmf / ffdf / ffja / fffja)

否定副詞。① 多級向心結構充當修飾語的副詞中否定詞最爲活躍:不〈276〉、非〈77〉、無〈69〉、未〈43〉、弗〈13〉、勿〈3〉、毋〈1〉。② 否定副詞按其在多級向心結構中的表現可以分爲兩類:否$_1$、否$_2$。否$_2$ 衹有"不"一詞;其餘否定副詞屬否$_1$。當兩個否定副詞連續出現在同一向心結構中時,其位序可以描寫爲:否$_1$＞否$_2$。如:無不〈63〉、非不〈25〉。

語氣副詞。據其表達的語氣可分爲兩類:語$_1$、語$_2$。語$_1$ 表示反問、測度語氣;語$_2$ 表示肯定、確認語氣。① 當兩個語氣副詞連續出現在同一向心結構中時,其次序可以描寫爲:語$_1$＞語$_2$。如:豈必〈9〉。在多級向心結構中語$_1$ 總在最外層。② 當語氣副詞與否定副詞連續出現在同一向心結構中時,其次序可以描寫爲:語$_1$＞否,如:豈不〈27〉、獨不〈4〉、豈非〈3〉、無乃不〈1〉、其勿〈1〉。至於"語$_2$"與"否",則有兩種語序,或"語$_2$"在前,"否"在後,如:必不〈28〉、必弗〈3〉;或"否"在前,"語$_2$"在後,如:未必〈15〉、不必〈7〉。"必不"與"不必"排序不同,否定中心不同,表達的語義亦完全不同。③ "語$_2$"與時間副詞的位序可以互换,如:必將〈3〉、將必〈1〉。二者在表達上語義基本相同,但强調重心有别。

範圍副詞。範圍副詞據其語義可分爲兩類:範$_1$、範$_2$。範$_1$ 表總括,範$_2$ 表限定。當範圍副詞與否定副詞連續出現在同一向心結構中時,其位序可以描寫爲:範$_1$＞否,如:皆不〈5〉、皆毋〈1〉;否＞範$_2$,如:非獨

〈18〉、非徒〈7〉、不唯〈4〉、不獨〈2〉。

各副詞小類如果連續出現在同一向心結構中，其位序大體可以描寫爲：

語氣$_1$＞連接＞範圍$_1$＞否定$_1$＞語氣$_2$＞程度/ 時間＞否定$_2$＞範圍$_2$/ 情態

需要說明的是：①“否$_2$(不)”最爲活躍，不僅表現爲出現頻率最高，而且位置也相對自由一些。有時亦可出現在連接副詞之前，僅見“不亦”〈15〉；有時亦可出現在表限定的範圍副詞之後，如：皆不〈5〉、非徒不〈1〉。② 否定副詞單獨使用，不能出現在表總括的範圍副詞（範$_1$）之前，但如果兩個否定副詞連續使用、表示肯定時，則偶爾出現在“範$_1$”之前，如：無不皆〈1〉、無不咸〈2〉。

(6)《吕》中，未見名詞$_2$、數詞、代詞$_2$、動詞在同一向心結構中共現。

5.2　關於多級向心結構中修飾語語序的語義解釋

考察《吕》，各類詞語在多級向心結構中的語序不符合上述序列的所謂“變序”現象，如：df〈1〉、jf〈50〉、xf〈18〉、xj〈6〉等，都可以從語義層面予以解釋。

從語義層面考察多級謂詞性向心結構修飾語的語序，是以“心”爲基礎，根據修飾語與“心”的語義關係由内及外排列。核心詞本身所具有的情狀、數量在内層，緊靠“心”；與核心詞語義相關的外圍特徵，如關涉、程度、範圍次之，在中層；爲核心詞提供的時間、空間背景在外層。語氣是加在整個結構表達的語義之上的，所以位序也在外層。否定的位序比較靈活，可以在中層的範圍内游移，依否定中心而定。

幾點說明：

(1) 表示時間範疇的修飾語可分爲三類：一類是表示動作變化發生的自然時間（包括起始的時間、持續或終結的時間等）；一類是描寫動作變化持續的性狀；一類是表示時態，即表示在某一特定時間（一般指叙說之時）動作變化已經發生、正在發生、將要發生等。上述序列，位序在外層的"時間"是指動作變化發生的自然時間，名詞語、動詞語、介詞短語充當表示時間的修飾語都表示動作變化發生的自然時間，因此，其位序都在外層①，如上文所舉"日月分復生"(df)、"終身不忘"(jf)，動詞短語"日月分"(指秋分節氣)、介詞短語"終身"，其位序之所以在副詞之前，在外層，原因就在於此。至於描寫動作變化持續性狀的是由形容詞$_2$充當，表示動作、變化時態的是由時間副詞充當，它們都與核心詞詞義相關，因此位序靠近核心詞。

(2) 考察 fm 類向心結構，出現在副詞之後的名詞語均爲名詞$_2$。名詞$_2$或表情狀，或表方位。按説方位本是"空間"範疇的一個小類，位序當在副詞之前；但考察《吕》，充當修飾語的方位名詞一般都是表示動作方向的，動作方向不同於動作變化發生的一般的空間背景，它是動作自身的屬性之一，因此位序亦在副詞之後，緊靠核心詞。如：

親東鄉躬桑。(季春)/ 將西游於秦。(報更)/ 於是令其女常外藏。(遇合)

如果方位名詞不表示動作方向，而泛指事件發生的空間，其位序在副詞之前。如：

前後左右盡蜻也。(精諭)/ 東西南北不出國郊。(制樂)

(3) 形容詞、數詞都可以充當表示數量的修飾語，但二者有别。《吕》中，形容詞充當表示數量的修飾語僅見"多"、"少"、"希"三詞。如：

王多賜之金。(壅塞)/少泊之則焦而不熟。(應言)/ 禍希不及身。(原亂)

形容詞充當修飾語，不表示確定的數量，而衹是對數量的狀態進行描寫。數詞充當修飾語或計動作行爲的次數(動量)，或計動作行爲的次序。充當表示數量的修飾語的形容詞和數詞在一個向心結構中不能共現。二者語義上的區别反映在位序上爲：表示數量的形容詞修飾語可以出現在否定副詞"不"之前，如上文《原亂》例；而表示數量的數詞修飾

① 時間副詞與表示動作變化發生的自然時間的介詞短語在同一謂詞性向心結構中共現，如：將以甲子至殷郊。(貴因)/公將以某日薨。(知接)則時間副詞在前。

語必須緊鄰核心詞，因此，衹出現在否定副詞“不”之後。

(4) 考察 jf、xf 類向心結構，出現的副詞主要是否定副詞“不”〈32〉、情狀副詞“相”〈24〉“遞”〈1〉“佯”〈1〉和表總括的範圍副詞“俱”〈10〉“偕”〈1〉。這三小類副詞約佔 jf、xf 類向心結構的 93%。①誠如上文所述，“不”在多級向心結構中，位序在其否定中心之前，當緊鄰其否定的中心；由於“不”既可以否定與核心詞相關的程度、範圍、關涉、數量等，也可以否定核心詞自身的情狀，所以，“不”在多級向心結構中的位置相對自由得多，既可以出現在表示肯定語氣或表示連接的詞語之前，也可以出現在表示關涉、描寫數量狀態的詞語之後。jf 類向心結構中的介詞短語除表示時間外，都表示關涉；xf 類向心結構中的形容詞或表示程度，或描寫數量的狀態。因此，“不”出現在介詞短語、形容詞之後也就不足爲怪了。②“相”、“遞”、“佯”屬情狀副詞，表情狀，自然當靠近核心，位序在後。③ 至於範圍副詞出現在介詞短語之後，和語義表達有關。《吕》中，出現在範圍副詞之前的介詞短語都是表關涉對象的“與”字結構。範圍副詞爲甚麼可以出現在介詞結構之後呢？《吕·悔過》中，有兩個意思相近的例子對我們很有啓發：

jf　蹇叔有子曰申與視，與師偕行。

fj　有子二人，皆與師行。

細玩文意，前例“偕”總括範圍包括“申”、“視”二人和“師”，而後例“皆”總括範圍衹包括“申”、“視”二人。表總括的範圍副詞與表關涉對象的“與”字結構之所以有兩種位序，是表達需要的結果。如果總括的範圍不包括關涉對象，則範圍副詞位序在前(fj)；如果總括的範圍包括關涉對象，則範圍副詞位序在後(jf)。

(5) 名詞$_2$、動詞、代詞充當修飾語表示情狀，數詞充當修飾語計動量或動作次序。上述序列中名詞$_2$、動詞、代詞$_2$、數詞等之所以不能共現，是因爲情狀、動量等都是與核心詞自身屬性緊密相關的，其位序都應當在内層，緊靠核心詞；我們推測，由於《吕》時代多級向心結構尚不發達，修飾語的内層衹有一個空位，或情狀，或動量，最多衹許可出現一個，這或許就是《吕》中未見名詞$_2$、動詞、代詞$_2$、數詞等在同一向心結構中共現的原因。

【陸】《吕氏春秋》謂詞性向心結構向非向心結構變換的考察

本書在《吕》量化的語言材料的基礎上，考察謂詞性向心結構向非向心結構的變换：1. 充當向心結構修飾語的介詞短語變换爲補語；2. 充當向心結構修飾語的介詞短語變换爲動詞賓語；3. 充當向心結構修飾語、表示時間的名詞語變换爲補語；4. 充當向心結構修飾語的數詞變换爲謂語。

向心結構這個概念是布龍菲爾德在 1933 年根據分佈的標準提出來的，依照布龍菲爾德的標準，至少有一個直接成分與結構整體的語法功能相同的句法結構叫向心結構。向心結構分爲兩類：並列的(co-ordinative 或系列的 serial)和從屬的(subordinative 或修飾的 attributive)。① 本書衹考察《吕》中"從屬的"向心結構。

依照布龍菲爾德的標準，漢語中的偏正結構、述賓結構以及述補結構都是"從屬的"向心結構，衹不過前者"心"在後，後者"心"在前罷了。關於述賓結構、述補結構是否是向心結構，漢語語法學界尚有不同意見②，對此，我們將另撰專文討論。本書考察的謂詞性向心結構僅指修飾語在前、中心語爲謂詞(動詞、形容詞，以及作謂語的名詞)的偏正結構，即一般語法著作中所説的"狀中結構"；而本書所指的非向心結構除主謂結構外，還包括述賓結構和述補結構。

在探討謂詞性向心結構向非向心結構變换的問題時，遇到的難題

---

① 見布龍菲爾德.《語言論》(漢語譯本)，商務印書館，1980. P239～241.

② 徐通鏘先生認爲：向心字塊的"心"在後，離心字塊的"心"在前；動賓結構屬離心字塊。見《語言論》，東北師範大學出版社，1997. 10. P531～544.

之一是我們不可能像研究現代漢語那樣，以内省的方式去研究，我們衹能依靠古代文獻中有限的語言材料去探討句式變换的可能性。顯而易見，這種探討將受到很大限制。由於《吕》語言材料有限，在考察過程中，我們不得不將考察範圍擴大到其他先秦文獻，並根據需要，依據先秦文獻中的語言材料仿造一些格式相同的句子(凡仿造的句子，其依據均用方括號標示，附於句後)。這樣做自然對材料的可靠性會産生一些影響，因爲：1. 擴大考察範圍，先秦文獻之間時代或地域的差異會在一定程度上受到忽略；2. 仿造的句子與其所依據的語言材料是否真的具有同一關係，有時還難以確定。然而，這樣做却便於我們把問題闡述清楚，便於比較，並能够使本書的分析、描寫更接近於上古漢語的實際情况。爲行文方便和醒目，文中必要時用到下列符號：N——名詞(包括名詞語，下同)，V——動詞，Sh——數詞，→可變换成，↛不可變换成。

1. 充當向心結構修飾語的介詞短語變换為補語

充當修飾語的介詞短語向補語的變换是不自由的。其變换的必要條件是：

該介詞必須能够出現在述謂中心語前、後兩種位置上。考察《吕》，有的介詞衹出現在述謂中心語之前，如“爲”、“由”、“因”等；有的介詞衹出現在述謂中心語之後，如“在”、“乎”、“于”等；既可以出現在述謂中心語之前、又可以出現在述謂中心語之後的介詞衹有“以”、“於”、“自”三詞。① 因此，衹有“以”、“於”、“自”三詞構成的介詞短語充當向心結構修飾語時才有可能變换爲補語。

介詞短語的位置可前可後並不意味着一定可以自由變换，能否自

① 參見《〈吕氏春秋〉詞類研究》，華夏出版社，1997. P323～325.

由變换還取决於該介詞在述謂中心語前、後兩種位置上都能够引進同一語義小類。

此外，還當考慮動詞的語義類别及動詞前後有無其他附加成分等。

1.1 由“自”構成的介詞短語變换爲補語

《吕》中，“自”引進空間（包括“源點”、“終點”、“處所”等語義小類）13 例，有兩種位置：

A. 自＋N＋V

自魯往。（愛類）

自南方來。（貴直）

B. V＋自＋N

登自鳴條。（簡選）

復自道。（務本）

按：引自《周易》。

A、B 兩組例句中，V 爲位移動詞，“自”引進位移的源點，因此，“自魯往”也可以用“往自魯”表達。這表明，引進位移源點的 A 式可以變换爲 B 式，但這種變换是不自由的，還要受到其他條件的限制：

(1) 上述變换能否實現還取决於動詞後有無附加成分。“自＋N＋V”式中，V 也可以是個動詞短語，例如：

公子夷吾自屈奔梁。（上德）

其劍自舟中墜於水。（察今）

句中不僅出現了位移的源點“屈”、“舟中”，而且還出現了位移的終點“梁”、“水”。這類句子是 A 式中的一小類，記作 A_1，其格式爲“自＋N＋V＋…”（…代表後附成分）；上文衹出現位移源點的 A 式例句記作 A_2，其格式爲“自＋N＋V＋Φ”（Φ 代表無後附成分）。考察《吕》，B 式中，V 後衹能出現一個表示空間的詞語，位移的源點與終點不能共現。因此，衹有 A_2 式纔可以變换爲 B 式，即：

自＋N＋V＋Φ⟶V＋自＋N

(2) “自”引進的源點必須是明確的、具體的；换句話説，N 不能是疑問代詞。如：

水奚自至？（貴直）↛水至奚自/水至自奚

綜上所述，自＋N＋V⟶V＋自＋N，其變换條件爲：(1)V 爲位移動詞；(2)N 指稱具體的位移源點；(3)V 後無附加成分。

《馬氏文通》云："記從來之處者，其轉詞概以'自'爲介，而先後無常。"①考察先秦文獻，馬氏所云"先後無常"，亦有可商榷之處。下面是我們對先秦 16 部文獻中 A、B 兩種形式考察的結果：

	尚書	詩經	春秋	儀禮	左傳	國語	論語	墨子	孟子	莊子	荀子	韓非子	吕氏春秋	戰國策	公羊傳	穀梁傳
A式	2	9	19	43	120	12	6	5	9	6	1	3	10	11	7	4
B式	16	14	75	127	35 (13)	8	0	2	(2)	0	(1)	0	2 (1)	0	(2)	(6)

按：括號内數字爲引文的統計；引文以《春秋》爲主，偶爾引自《尚書》、《詩經》等。

根據 A、B 兩種形式出現的頻率，上述 16 部文獻大體可以分爲三組：《尚書》—《儀禮》爲一組，《左傳》、《國語》爲一組，《論語》—《穀梁傳》爲一組。《尚書》一組大體是西周至春秋時期的文獻，《左傳》一組大體是春秋末期的文獻，《論語》一組大體是戰國時期的文獻。統計數字表明：西周至春秋時期，表示"自源點位移"通常用 B 式表達，B 式是常式，换句話説，"自"字短語以在動詞後爲常；春秋末期，表示"自源點位移"既可以用 B 式表達，也可以用 A 式表達；②戰國時期，B 式在文獻語言

① 見《馬氏文通》，商務印書館，1983.9.P166.

② 《左傳》、《國語》中，A 式的頻率高於 B 式，是由於統計時未將 A_1 式（V 後有附加成分）、A_3 式（V 爲非位移動詞）排除在外。

中急遽衰落,表示“自源點位移”通常衹用A式表達,即“自”字短語以在動詞前爲常。① 因此,歷史地看,馬氏所云“先後無常”,其實衹反映了先秦某一時期(春秋末期)的特點。

歷史地考察 A_2(自+N+V+Φ)⟶ B(V+自+N),西周至春秋末期當是自由的。僅以《左傳》爲例:

自北門入。(莊公 21)⟶入自北門[入自皇門。(宣公 12)]

自北門出。(哀公 26)⟶出自北門[出自東門。(定公 6)]

自武城還。(昭公 23)⟶還自武城[還自晉。(襄公 23)]

自鑄歸。(昭公 25)⟶歸自鑄[歸自晉。(襄公 28)]

自壞隤反。(定公 1)⟶反自壞隤[反自召陵。(定公 4)]

然而至《吕》時代,B式偶見,上文所舉“登自鳴條”(《簡選》)一例,也是在記叙湯伐桀這一歷史事件時采用B式,總有些刻意仿古的味道。因

① 從歷史的角度看,表示“自源點位移”,其基本形式由B式 → A式是一種歷時的變换。它反映了漢語歷史發展過程中曾發生過的“抽象原則”和“臨摹原則”之間的變化。正因爲這一歷時的變换至戰國初期已經基本完成,因此,在這一時期出現在傳世文獻中的、引進位移源點的介詞“從”很自然地根據“時間順序原則”放在動詞之前(A式)。參見蔣紹愚先生.《抽象原則和臨摹原則在漢語語法史中的體現》一文,載《古漢語研究》,1999(4).

又:引進位移源點的介詞“從”在甲骨卜辭中即已出現(B式),如:

王𡉚於田從東。(林二.二二.十一)/ 王其𡉚出從西。(佚五五八)按:轉引自趙誠.《甲骨文簡明詞典》,中華書局,1988. P303~304. 趙云:𡉚於田從東,即從東往田。但考察傳世文獻,引進位移源點的介詞“從”最早僅見於《左傳·宣公二年》“從臺上彈人”(A式)。在我們考察的範圍内,引進位移源點的介詞“從”共出現34例,均出現在A式中。考察結果列表如下:

	尚書	詩經	春秋	儀禮	左傳	國語	論語	墨子	孟子	莊子	荀子	公羊傳	穀梁傳	戰國策	韓非子	吕氏春秋
A式	0	0	0	0	1	0	0	2	1	0	2	0	0	12	7	9
B式	0	0	0	0	0	0	0	0	0	0	0	0	0	0	0	0

至於甲骨卜辭中引進位移源點的介詞“從”爲何未出現在早期的傳世文獻中,由於文獻材料所限,衹好付諸闕如了。

此，這一時期 A_2 ⟶ B 盡管可以實現，但衹是偶然的現象。

1.2 由“以”構成的介詞短語變换爲補語

A. 以 + N_2 + V + N_1 ⟶ V + N_1 + 以 + N_2

以公命示子家子。(左傳・昭公 25)⟶ 示子家子以公命。[示晉公以天妖。(先識)]

乃以免難之賞賞尹鐸。(似順)⟶ 乃賞尹鐸以免難之賞。[賞文侯以上聞。(下賢)]

子犯以璧授公子。(左傳・僖公 24)⟶ 子犯授公子以璧。[授之以策。(左傳・昭公 3)]

吾特以三城送之。(韓非子・内儲説上七術)⟶ 吾特送之以三城。[送之以璧。(觀表)]

變换條件：(1)V 爲雙賓動詞；(2)N_2 指稱受事；(3)N_1 指稱對象，原則上不可省略。

説明：《吕》中，雙賓動詞“與”、“給”2 詞雖符合上述條件，但未能實現上述變换；因爲在我們考察的先秦文獻中未見“與/給 + N_1 + 以 + N_2”格式。我們推測有兩種可能：(1)在先秦上述變换當是可以實現的，衹不過由於語言材料的限制(流傳至今的先秦文獻畢竟有限)，在我們考察的範圍内未實現罷了。(2)在先秦上述變换是不可實現的，它正反映出了那一時代雙賓動詞内部的差異。

B. 以 + N + V ⟶ V + 以 + N

田駢以道術説齊。(執一)⟶ 田駢説齊以道術[説湯以至味。(本味)]

武王以武得之。(原亂)⟶ 武王得之以武[得之以公。(貴公)]

以冰致蠅。(功名)⟶ 致蠅以冰[越人薰之以艾。(貴生)]

變换條件：(1)N 指稱工具、憑藉；(2)V 爲單音動作動詞；(3)V 後除賓語(可有可無)之外無其他補充成分，V 前除“以 + N”之外無其他修飾成分。①

1.3 關於"於"構成的介詞短語變换爲補語的探討

《吕》中,V 前出現的"於＋ N"介詞短語共 86 例,其中屬於話題主語的 67 例,如:

雖於中國亦可。(高義)

於丘其幸乎。(慎人)

越於我亦然。(知化)

五帝三王之於樂盡之矣。(明理)

上述句子中的"於＋ N",或屬於話題主語(如"於中國"),或屬於話題主語的一部分(如"越於我"、"五帝三王之於樂"中的"於＋ N"),因此,不在書討論之列。其餘 19 例或引進時間,或引進處所,或引進對象,分述如下:

V 前出現的"於"字短語引進時間的共計 11 例,如:

於是始耕。(任地)

故賢主於安思危,於達思窮,於得思喪。(慎大)

---

① 魯國堯先生從十個方面比較了"以＋ N＋V"(甲型)、"V＋以＋N"(乙型)兩種結構類型的差異(詳見《〈孟子〉"以羊易之"、"易之以羊"兩種結構類型的對比研究》一文,載《先秦漢語研究》,山東教育出版社,1982. 考之《吕氏春秋》,共得乙型句 89 例,與《孟子》情況基本相同,但亦有例外:

A. 乙型中被補充説明的成分偶或爲述補結構(1 例):

司馬喜難墨者師於中山王前以非攻。(應言)

B. 乙型亦偶有加"者"的用例(4 例),如:

輔我以義,導我以禮者,吾以為上賞;教我以善,强我以賢者,吾以為次賞。(當賞)

C. 乙型前偶爾可加助動詞(1 例):

此史定得飾鬼以人。(去宥)

D. 乙型 V 前偶爾出現修飾語(2 例):

莧譆數犯我以義,違我以禮。(長見)

必察之以法。揆之以量,驗之以數。(謹聽)

於虞而用禹。(開春)

介詞"於"的賓語可以是代詞"是"〈7〉,可以是形容詞"安"〈1〉、"達"〈1〉,可以是動詞"得"〈1〉,還可以是專有名詞"虞"〈1〉。考察《吕》,"於是"衹出現在V前①,出現在V後引進時間的"於"字短語僅見3例,列舉於下:

是後世之聖人使文王為善於上世也。(長見)

今病在於朝夕之中。(貴公)

此二國者,雖至於今存可也。(求人)

介詞"於"的賓語"上世"、"朝夕之中"、"今"均爲時間名詞語。因此,V前出現的、引進時間的"於"字短語不能變换爲補語。

V前出現的"於"字短語引進處所、範圍的共計6例,如:

使其三臣丙也、術也、視也於東邊候晉之道。(悔過)

使若人於廟朝中深見侮而不鬥。(正名)

成教垂名,於此乎在矣。(不廣)

V前出現的引進處所、範圍的"於"字短語可以移位至V後變换爲補語,即:

使其三臣丙也、術也、視也於東邊候晉之道。(悔過)⟶ 使其三臣丙也、術也、視也候晉之道於東邊[又使保召公就微子開於共頭之下。(誠晉)]

使若人於廟朝中深見侮而不鬥。(正名)⟶ 使若人深見侮於廟朝中而不鬥

---

① 先秦其他文獻中,"於是"亦可出現在V後,如:

屍女於是。(左傳·宣公12)

誰溺於是。(韓非子·内儲説下)

何以異於是。(孟子·公孫丑下)

爾何曾比予於是。(孟子·公孫丑上)

在我們考察的範圍内,出現在V後的"於是"共計29例,其中《左傳》〈4〉、《論語》〈2〉、《孟子》〈6〉、《莊子》〈8〉、《墨子》〈2〉、《荀子》〈4〉、《韓非子》〈1〉、《戰國策》〈2〉,或引進處所,或引進對象,無1例引進時間者。由此,我們可以得出結論:V前引進時間的介詞短語"於是"不能移至V後變换爲補語。

於此乎在矣。(不廣)⟶在於此[在於無為。(先己)]

[守威定功,安危之本在於此矣。(史記・秦始皇本紀)①]

V 前出現的"於"字短語引進對象、受事僅見 2 例:

於利不苟取,於害不苟免。(士節)

"於利"、"於害"均可以移位至 V 後變换爲補語,即:

於利不苟取⟶ 不苟取於利[取於衆。(用衆)]

於害不苟免⟶ 不苟免於害[免於災。(大樂)]

討論至此,得出如下結論:

於＋ N ＋ V⟶V＋ 於＋ N

變换條件:(1)V 爲動作動詞、存在動詞;(2)N 指稱處所、範圍、對象、受事。

需要指出的是,《吕》中,引進處所、範圍、對象、受事的"於"字短語,其基本位置在 V 後,約佔"於"字短語總數的 99%,出現在 V 前的僅佔 1%左右;②因此,"V＋ 於＋ N"是常式,"於＋ N ＋ V"僅是特例而已。上述變换條件之所以比較寬鬆,是因爲由特例向常式變换,一般總是比較自由的。

2. 充當向心結構修飾語的介詞短語變换為動詞賓語

以＋ N_2＋ V＋ N_1⟶V ＋ N_1＋ N_2

---

① 考察先秦文獻未見"在於此",僅見"於此乎在"(左傳・昭公 5)、"於此在矣"(左傳・宣公 12)、"於此乎在矣"(國語・晉四),或許這是當時的習慣説法;舉《史記》例祇是力圖證明,《吕》時代"在於此"是可能存在的,畢竟《史記》距《吕》時代並不比《左傳》、《論語》更遠。

② 話題主語 67 例未計在内。

以公命示子家子。(左傳・昭公 25)①⟶ 示子家子公命[楚子示諸侯侈。(左傳・昭公 4)]

子犯以璧授公子。(左傳・僖公 24)⟶ 子犯授公子璧[子犯授公子載璧(國語・晉四)]

吾特以三城送之。(韓非子・内儲説上七術)⟶ 吾特送之三城[李兑送蘇秦明月之珠。(戰國策・趙一)]

乃以免難之賞賞尹鐸。(似順)⟶ 乃賞尹鐸免難之賞[晉侯賞桓子狄臣千室。(左傳・宣 15)]

變换條件:(1)V 爲雙賓動詞;(2)N_2 爲受事。

3. 充當向心結構修飾語、表示時間的名詞語變換為補語

充當向心結構修飾語、表示時間的名詞語有時點、時段之分。表示時點的名詞語不能直接變换爲補語;表示時段的名詞語有兩種情況,請看下面的例句:

A. 七日不嘗粒。(任數)

數月不出。(孝行)

三年不言。(重言)

百日食之。(審時)

B. 三年而知鄭國之政也。(長見)

十二年而莊王霸。(當賞)

三日而聽。(知士)

三日而穀亡。(制樂)

A、B 兩組例句中的"×年/月/日"都表示時段,但細玩文意,又不盡相

① 《吕》中,雙賓動詞"授"、"示"二詞未見"以 + N_2 + V + N_1"格式。又,"送"在《吕》中因未見"V + N_1 + N_2"格式而未被列入雙賓動詞。

同。A組例句中的“×年/月/日”是指“×年/月/日”之内動作變化一直持續,如《任數》例中“七日”是指“七日”之内一直“不嘗粒”;而B組例句中的“×年/月/日”是指過了“×年/月/日”才發生的動作變化,如《長見》例中的“三年”是指過了三年“知鄭國之政”。正由於有了上述語義上的區别,A、B兩組例句也有不同的變換。A組例句中的“×年/月/日”可以變換爲補語,B組例句中的“×年/月/日”不可。如:

A. 七日不嘗粒。⟶不嘗粒七日[臣不睹臣之母三年矣。(精通)]

百日食之。⟶食之百日[退而習之三年。(審己)]

B. 三年而知鄭國之政也。↛知鄭國之政三年[執掌鄭國之政三年]

三日而轂亡。↛轂亡三日[轂死了三日]

因此,“$N_{時}$ + V⟶V + $N_{時}$”的必要條件之一是:$N_{時}$ 爲“數詞×年/月/日”的形式,而該形式在語義上必須表示V持續的時間段。

可變換的“$N_{時}$ + V”在形式上還有没有其他特徵呢?我們考察了《吕》,發現:

(1) 可變換的“$N_{時}$ + V”一般不含虚詞。《吕》中,含虚詞的“$N_{時}$ + V”共得13例(例見上文B組例句),其中11例表示過了“×年/月/日”,不可變換;另2例表示“×年/月/日”之内,其中1例不可變換:

一朝而兩城下。(慎大)↛兩城下一朝

究其不可變換的原因,“兩城下”的“下”是“攻克”之義,“攻克”的動作不可持續,因此,“下”是個瞬間動詞,而瞬間動詞一般不能進入“V + $N_{時}$”結構;一旦進入“V + $N_{時}$”結構,其語義衹能是表示V動作瞬間發生、完成之後經歷了“×年/月/日”,如上文“轂亡三日”。

可變換的僅有1例:

六月而不戰。(處方)⟶不戰六月[臣不睹臣之母三年矣。(精通)]

(2) 可變換的“$N_{時}$ + V”中一般不含否定詞。當我們談到僅有上述《處方》1例可變換時,總感到變換得有些勉强,總覺得語感不大對。除了含虚詞的“$N_{時}$ +而+ V”中,$N_{時}$ 一般不表示V所持續的時段之外,似乎還有其他原因。爲了探討這一問題,我們考察了先秦九部文獻中的"V + $N_{時}$"結構。① 考察結果如下:不含否定詞的"V + $N_{時}$"結構共得 133 例,含否定詞的"V + $N_{時}$"結構共得 6 例,兹列舉如下:

不食三日矣。(左傳·宣 2)

勺飲不入口七日。(左傳·定 4)

孔子不出三月。(莊子·天運)

今兵不起七年矣。(莊子·則陽)

於是文王不出宫三月。(莊子·説劍)

臣不睹臣之母三年矣。(精通)

統計數字表明,"V + $N_{時}$"結構不含否定詞是常例,含否定詞是特例。上文仿造的句子"不戰六月"即屬特例,正因爲是特例,其不大合乎人們的語感也就無足奇怪了。這當是原因之一。此外,我們感到變换得有些勉强,還在於不能肯定仿造例句所根據的語言材料("臣不睹臣之母三年矣")與仿造的例句("不戰六月")結構一定相同。考察上述 6 例,有的句尾有語氣詞"矣",有的没有;依據句尾是否出現"矣",上述 6 例可分爲兩類。句尾没有"矣"的句子中,"V + $N_{時}$"自然是述補結構;句尾出現"矣"的句子,如《左傳·宣 2》"不食三日矣","V + $N_{時}$"是否一定是述補結構,恐怕還有争議。我們在《莊子·人間世》中看到這樣一個例句:

回之家貧,唯不飲酒不茹葷者數月矣。

上例的語義與"V + $N_{時}$"結構所表達的語義相同,所不同的是 V("不飲酒不茹葷")的前後出現了"唯……者",句尾出現了語氣詞"矣"。衆所周知,"唯……者"可以看做話題標記,"矣"亦可看做是陳述的語氣標記。這給我們以啓示:"不食三日矣",如果把"不食"看做話題主語,從而把"三日"看做是對話題主語的陳述也未嘗不可。即:

不食三日矣。⟶ 不食者三日矣。

由此看來,上文"六月而不戰⟶不戰六月"當以句尾不帶"矣"的句子,

① 另八部文獻爲《左傳》、《孫子》、《論語》、《孟子》、《莊子》、《墨子》、《荀子》、《韓非子》。

例如《莊子·天運》中的“孔子不出三月”，爲依據更爲妥當。這樣，在我們考察的範圍内，含否定詞的、没有争議的“V + $N_{時}$”結構僅 3 例而已，僅佔“V + $N_{時}$”結構出現總數的 2%左右。這一數字表明，否定詞很難進入“V + $N_{時}$”結構。换句話説，可變换的“$N_{時}$ + V”中一般不含否定詞。

順便提及的是，上文含否定詞的、句尾不帶“矣”的 3 例中，V（“入”、“出”）均爲瞬間動詞，不可持續；它們之所以能够進入“V + $N_{時}$”，是由於 V 前否定詞“不”的存在的緣故，因爲“入”、“出”的動作雖然是瞬間完成，但“不入”、“不出”却是可以持續的狀態。

(3) 在 $N_{時}$ 與 V 之間不能有語音停頓。《吕》中，“×年/月/日……”形式共計 12 例，其中 10 例表示過了“×年/月/日”，不可變换。另 2 例表示“×年/月/日”之内，列舉如下：

十年，九合諸侯，一匡天下。（勿躬）

三年，苦身勞力，焦唇乾肺，内親群臣……（順民）

考察《吕》，“×年/月/日”後之所以出現表示停頓的逗號，一般都是由於多個小句共承一個時間修飾語，而《吕》中未見多個小句共承一個時間補語的；因此，上述 2 例雖表示“×年/月/日”之内，但也無法變换爲補語。

值得注意的是《勿躬》例，如果“十年”後僅有“九合諸侯”一個小句，其間也無語音停頓，但“十年九合諸侯”仍無法變换爲“九合諸侯十年”。究其原因，在於“九合”，如上文所述，衹有當 $N_{狀}$ 在語義上表示動作變化持續的時間段時，才有可能變换爲時間補語；而“九合”恰恰表明，十年之中“合”是多次行爲，“合”是斷斷續續的。這給我們以啓示，要實現“$N_{時}$ + V→V + $N_{時}$”，V 前不能出現計動量的數詞。

綜上所述，充當向心結構修飾語的時間名詞語變换爲補語，即：

$N_{時}$ + V→ V + $N_{時}$

至少需符合以下條件：(1)$N_{時}$ 在語義上必須表示動作變化持續的時間段；(2)V 一般僅限於可持續動詞；(3)$N_{時}$ 與 V 之間一般不出現連詞；(4)在 $N_{時}$ 與 V 之間不能有語音停頓；(5)V 前一般不出現否定詞；(6)V 前不能出現計動量的數詞修飾語；(7)“ $N_{時}$ + V”僅限於一個小句。

4. 充當向心結構修飾語的數詞變換為謂語

《吕》中,數詞計動量有兩種位置:一是數詞直接放在動詞之前,充當修飾語。例如:

天子三推,三公五推,卿、諸侯、大夫九推。(孟春)

二是數詞放在句尾,充當謂語。例如:

與太子期,而將往不當者三。(至忠)

同是計動量,數詞處於這兩種位置有甚麼區別呢?一般的看法是,數詞作謂語是"强調某一行爲的數量","表示動量的數詞從動詞前面的狀語的位置上昇到全句的謂語的位置,自然就顯得突出而重要了"。① 這裏所說的"上昇"大致相當於本書所說的"變換"。我們認爲,這種籠而統之的"上昇"說、"强調"說值得商榷。

考察《吕》,充當向心結構修飾語的數詞一般衹計一個動作的數量,如:

天子三推,三公五推,卿、諸侯、大夫九推。(孟春)

昔者禹一沐而三捉髮。(謹聽)

但數詞之後如果出現兩個(或兩個以上)動詞,就會出現兩種情況:

A_1 右宰穀臣死之,還車而臨,三舉而歸。(觀表)

A_2 孫叔敖三為令尹而不喜,三去令尹而不憂。(知分)②

《觀表》例"三"衹計"舉"的數量,意思是:舉哀三次,然後才回國。《知分》例"三"兼計"爲"與"喜"的數量,意思是:三次做令尹,每次都没有顯

① 見王力主編.《古代漢語》,中華書局,1981.第一分册,P231.作如是說的還有郭錫良等主編.《古代漢語》,北京出版社,1981.上册,P288.馬忠.《古代漢語語法》,山東教育出版社,1983.P320.

② 先秦他書中還有更典型的例子:

令尹子文三仕為令尹。(論語·公冶長)

湯三使往聘之。(孟子·萬章上)

三過其門而不入。(孟子·滕文公上)

出喜悦。因此，A_1、A_2 二組例句雖然都可以寫作：

$Sh + V_1 +$（而）$+ V_2$ （簡稱 A 式）

但其内部的結構層次不同，因而結構關係也有别：

A_1 $Sh + V_1 +$（而）$+ V_2$

└──┘　　　　└┘ （連謂）

└┘ └┘　　　　　（偏正）

A_2 $Sh + V_1 +$（而）$+ V_2$

└┘ └──────┘ （偏正）

　　└┘　　　└┘ （聯合）

A_1、A_2 是同形異構，A 式是個多義格式。《吕》中，A_1 式隨處可見，是常式；A_2 式很少見到，是變式。

數詞作謂語往往計兩個（或兩個以上）動作的數量。如：

與太子期，而將往不當者三。（至忠）

意思是，多次與太子約定日期，而又多次不如期前往。數詞“三”計量“期”、“往”、“當”三個動作行爲。

如果作謂語的數詞計量的是一連串動作，而這一連串動作又鋪排爲若干小句，那麽，僅在最後用一“者”字很難收住，因此，往往采用複指的形式。例如：

王子慶忌捽之，投之於江，浮則又取而投之，如此者三。（忠廉）

“三”計“捽”、“投”、“浮”、“取”諸動作的數量，表示這一連串動作都重複了多次。

采用複指，“者”就不那麽至關重要了，偶爾也可以省略。例如：

有司請事於齊桓公，桓公曰：“以告仲父。”有司又請，公曰：“告仲父。”若是三。（任數）

但《直諫》中有一例很值得玩味：

葆申束細荆五十，跪而加之於背，如此者再。

從形式上看，這一例與上文《忠議》例同，都可以記作：

$V_1 + V_2$……如此者 $+$ Sh（簡稱 B 式）

但細玩文意，差異很大。《忠議》例中的“三”可以理解爲“三捽”、“三投”、“三浮”、“三取”等，“三”計上文一連串動作的數量。而《直諫》例的意思是，葆申跪着把那一束細荆放在王的背上，放了兩次；①“再”衹計“加”的數量，而非“再束”、“再跪”、“再加”。因此，B 式也是個多義格式，它包含 B_1、B_2 兩種格式：B_1 式中，作謂語的數詞語義指向句中的一連串動作，如《忠議》例；B_2 式中，作謂語的數詞語義指向最後一個動作，如《直諫》例。《吕》中，B 式僅出現 6 次，其中 B_1 式出現 5 次，是常式；B_2 式衹出現 1 次，是特例。

考察《吕》，幾乎所有的數詞都能出現在狀語的位置上計動量，而出現在謂語位置上計動量的數詞僅見“再”〈1〉、“三”〈5〉2 詞。因此，數詞充當修飾語計動量是自由的，數詞作謂語計動量是不自由的。正因爲謂語位置對計動量的數詞的限制，所以 B 式不僅在《吕》中出現頻率很低，在先秦其他文獻中亦屬罕見。②

其次，數詞充當修飾語計動量可以實指，也可以虚指，是自由的；而數詞作謂語計動量的格式在獨用時(按，指非對舉使用)以虚指爲常。《吕》B 式 6 例，其中 5 例數詞爲“三”，均用於虚指，極言其多。③

再次，數詞作修飾語一般衹計一個動作的數量，而數詞作謂語往往兼計兩個(或兩個以上)動作的數量。

因此，數詞做謂語並非籠統地“强調某一行爲的數量”，“表示動量的數詞從動詞前面的狀語的位置”也不能自由地“上昇到全句的謂語的位置”。充當向心結構修飾語的數詞要實現下述變换，即：

$$Sh + V_1(\text{而}) + V_2 \longrightarrow (V_1 + (\text{而}) + V_2)\ \text{者} + Sh$$

至少應具備以下條件：(1)Sh 一般衹能是數詞“三”，並用於虚指；(2)V 的數量一般 $\geqslant 2$；(3)“$Sh + V_1(\text{而}) + V_2$”必須是 A_2 式。

自然，由 A_2 式變换的“$(V_1 + (\text{而}) + V_2)$ 者 + Sh”衹能是 B_1 式。

① 陳奇猷曰：“意謂葆申既加荆於王之背(表示笞)者再。”見陳奇猷：《吕氏春秋校釋》，學林出版社，1984. P1550.

② 我們考察了《論語》、《國語》、《左傳》、《莊子》、《孟子》、《墨子》、《荀子》、《韓非子》、《吕氏春秋》、《穀梁傳》、《公羊傳》、《戰國策》等 12 部文獻，B 式僅得 19 例。

③ 上述先秦文獻 B 式 19 例中，虚指 16 例，數詞均爲“三”。

【柒】《吕氏春秋》述賓結構的考察

述賓結構是古代漢語中最基本的結構之一。本書擬以《吕》量化的語言材料爲依據:1.界定述賓結構;2.考察述賓結構内部賓語的意義分類及其形式特徵,以及述語對賓語的選擇;3.考察述賓結構整體的句法功能。

1. 述賓結構的界定

述賓結構具有以下特徵:(一)形式特徵:述賓結構由述語和賓語兩部分構成;充當述語的動詞與充當賓語的詞語直接結合;一般情況下,述語在前,賓語在後。(二)語義特徵:述語往往表示動作或行爲,賓語表示跟這種動作或行爲有聯繫的事物;述語與賓語之間往往具有支配關係或補充關係。①

幾點說明:

(1) 有些述賓結構述語與賓語之間可以插入介詞。例如:

遭紂之世也。(謹聽)—→遭乎紂之世[遭乎治世。(誠廉)②]

齊王走莒。(權勛)—→齊王走於莒[水出於山而走於海。(審

① 參見朱德熙.《語法講義》,商務印書館,1982. P15.

② 符號—→表示可以變换。由於《吕》語言材料有限,爲便於比較,我們依據《吕》的語言材料仿造一些格式相同的句子;凡仿造的句子,其依據均用方括號標示,附於句後。

己)]

昭侯居車上。(處方)⟶昭侯居於車上[居於車下。(直諫)]

我們認爲,介詞的有無標誌着語法結構的不同,無介詞是述賓結構,有介詞是述補結構。

(2)述語動詞後表示時間的詞語,或爲賓語,或爲補語,需要做具體分析。請看下面的例句:

A_1 用三年(樂成)/用刀十九年。(精通)

故日慎一日。(觀世)/百官慎職。(勿躬)

A_2 擇元日。(仲春)/顔回擇菜於外。(慎人)

以夜繼日。(先識)/喪以繼樂。(上農)

A_1 組例句。試拿《樂成》例與《精通》例比較,就會看得很清楚,"三年"不是"用"這一動作所聯繫的事物,而是補充説明"用"這一動作延續的時間,"用"後所聯繫的事物當是"刀"。考察《吕》,"用"後所聯繫的事物,無論是具體事物,如:用人、用水火、用兵、用舟、用牝等,還是抽象事物,如:用禮樂、用度量、用刑罰、用軌度等,均爲動作的受事。因此,"用三年"中表示時間的詞語"三年"不是賓語,而是補語,"用三年"是述補結構。《觀世》例同。

A_2 組例句。試拿《仲春》例與《慎人》例比較,"元日"並非補充説明"擇"這一動作延續的時間,而是同"菜"一樣,都是"擇"的受事,祇不過前者是選擇日子(考察《吕》,尚有:擇元辰、擇吉日、擇葬日等),後者是選擇物品罷了。因此,"擇元日"中表示時間的詞語"元日"是賓語,"擇元日"是述賓結構。《先識》例同。

上述兩組例句表明,述語動詞後、表示時間的詞語,其語法地位的界定,取决於它在語義層面充當的語義角色,如果它是動作所聯繫的事物,則是賓語;如果它補充説明動作延續的時間,則是補語。

(3) 述語動詞後表示空間的詞語,或爲賓語,或爲補語,亦需做具體分析。請看下面的例句:

B_1 求之塗。(淫辭)按:"之"代緇衣。

又斮之東閭。(貴直)按:"之"代狐援。

攫其甑中。(任數)

B_2　去鄭而之許。（異寶）
軒冕在前。（具備）
齊王走莒。（權勛）
冬至日行遠道。（有始）

B_3　若以石投水。（精諭）
投之池中。（必己）

B_1 組例句，述語動詞都是及於他物的動作動詞；動詞之後受事或出現，或不出現；前者如《淫辭》、《貴直》例，後者如《任數》例。《淫辭》例中，“之”（指“緇衣”）是動作“求”的受事，“之”後表示空間的詞語“塗”不是動作“求”直接聯繫的事物，它的作用衹是補充説明動作“求”發生的空間背景；因此，“塗”不是賓語，而是補語。同樣，《貴直》例中的“東閭”也是補語。《任數》例，據其上下文“顔回索米，得而爨之……向者煤炱入甑中，棄食不祥，回攫而飯之”，“攫”的受事當是沾上烟塵的食物，“其甑中”亦非與動作“攫”有直接聯繫的事物，它也是補充説明“攫”發生的空間背景；因此，“其甑中”也不是賓語，而是補語。

B_2 組例句，述語動詞都是位移動詞（包括零位移動詞，如“在”、“居”之類）；動詞之後表示空間的詞語，或爲位移的源點，如《異寶》中“去鄭”的“鄭”；或爲位移的終點，如《異寶》中“之許”的“許”、《權勛》中“走莒”的“莒”；或爲位移的途徑，如《有始》中“行遠道”的“遠道”；或爲零位移的空間位置，如《具備》中“在前”的“前”。考察《吕》，凡位移動詞，一般總要與空間詞語（或表示位移的源點，或終點，或途徑）直接聯繫；因此，空間是位移動作不可缺少的語義角色。在句法層面，與位移動詞直接聯繫的空間詞語我們視爲賓語。

B_3 組例句，述語動詞“投”雖然也是動作動詞，但是，又與 B_1 組例句中的動作動詞有所不同。其區别在於“投”這一動作附加方向性，具有“轉移”語義特徵。以《精諭》爲例，“投”的受事“石”通過“投”的動作，從施事者的手中轉移入水。“投”除了聯繫受事之外，還需要聯繫投向的空間。此外，“投”還可以聯繫投擲對象，如：

以車投車，以人投人。（貴卒）

“投”後出現的“車”、“人”都是投擲對象。有時投向的空間和投擲對象之間的界限難以劃清，如：

以水投水則散，以冰投冰則沈，以塗投塗則陷。（論威）

“投”後出現的“水”、“冰”、“塗”既可以理解爲投向的空間“水中”、“冰上”、“塗上”，也可以理解爲投擲對象。考察《吕》，表示“投擲”動作共出現 18 例，其中 16 例“投”後出現空間或對象。由此可見，空間、對象都是“投”類動詞不可缺少的語義角色。在句法層面，這兩類語義角色在同一個句法結構中不能共現；换句話説，這兩類語義角色處在同一個句法位置上。因此，“投”類動詞後出現的空間詞語我們也視爲賓語。

試比較《必己》例的“投之池中”與《淫辭》例的“求之塗”，就能看出這兩類空間詞語之間的差異。上二例雖然都可以用下面的句子格式表示：動（動作）＋之（受事）＋名（空間）；但二者的語義解釋不同。《淫辭》例的意思是“在塗中尋找緇衣”，即“在某一空間做某事”，而《必己》例的意思是“把它投入池中”，即“通過某一動作，把某物轉移至某一空間”。這種語義上的差異，我們用它們在句法層面上所處的句法地位不同予以解釋。當然，上述句子格式之所以有不同的語義解釋，其根本原因在於“投”、“求”的語義特徵存在着差異：“投”具有“轉移”語義特徵，而“求”不具有“轉移”語義特徵。

上述三組例句表明，述語動詞後、表示空間的詞語的語法地位的界定，取決於動詞的語義範疇及語義特徵：位移動詞之後，表示位移源點、終點、途徑的詞語是賓語（B_2）；不具有“轉移”語義特徵的動作動詞之後，表示空間的詞語是補語（B_1）；具有“轉移”語義特徵的動作動詞之後，表示空間的詞語是賓語（B_3）。

（4）《馬氏文通》云：“凡記價值、度量、里數、距度之文，皆無介字爲介。”①那麽，動詞之後這些表示數量的詞語在句法結構中究竟是甚麽成分，亦需具體分析。請看下面的例句：

A_1. 行三十里。（必己）
倍衛三十里。（觀表）按：倍，通“背”，離開。
遜去絳七十。（貴直）

① 見《馬氏文通》，商務印書館，1983. P403.

A_2. 鞭荆平之墳三百。(首時)

伍子胥説之半。(首時)按:“之”代王子光。

B_1. 約車十乘。(離謂)

鄭子陽令官遺之粟數十秉。(觀世)

乃為之桐棺三寸。(高義)

B_2. 兼國十九。(貴直)

與錢百。(報更)

A_1 組《必己》例中,位移動詞“行”聯繫的事物,即途徑,没有出現,“三十里”補充説明“行”的結果(用里數表示);《觀表》例中,“倍”所聯繫的事物是“衛”,“三十里”也是用以補充説明“倍”的結果;至於《貴直》例,畢沅曰:“《韓非》作‘秦人來侵,去絳十七里’。”①依畢説,“七十”下當據《韓非》補一“里”字,否則文義不足,那麽,《貴直》例當與《觀表》例同。A_2 組《首時》前例中,充當述語的動詞“鞭”聯繫的事物是“荆平之墳”,“三百”用以計量動作“鞭”的數量;《首時》後例中,充當述語的動詞“説”聯繫的事物是王子光,“半”用以計量“説”的數量。從以上分析中可以看到,A 組例句中,述語動詞後、表示數量的詞語都不是動作所聯繫的事物,它們或是補充結果,或是計量動量,因此,都是補語。

B_1 組例句與 B_2 組例句的分别衹在於述語動詞後、表示數量的詞語構成不同,B_1 組是數量短語,B_2 組是數詞;但 B 組中表示數量的詞語的作用是相同的,即都是用以計量與它們相鄰的事物的數量,如《離謂》例中“十乘”計“車”的數量,《觀世》中“數十秉”計“粟”,《高義》中“三寸”計“銅棺”的厚度,《貴直》例中“十九”計“國”,《報更》例中“百”計“錢”。B 組中表示數量的詞語與動詞不直接發生聯繫,它們並不是獨立的事物,它們的出現與否,並不改變動作所聯繫的語義角色的數量,因此,它們都不是賓語,而是修飾語。②

(5) 述語動詞省略。述賓結構以述語爲核心,一般不可省略。但《吕》中,偶有述語動詞省略者。如:

① 轉引自陳奇猷.《吕氏春秋校釋》,學林出版社,1984. P1542.

② 參見殷國光.《〈吕氏春秋〉詞類研究》,P234.

人傷堯以不慈之名，舜以卑父之號，禹以貪位之意，湯武以放弑之謀，五伯以侵奪之事。（舉難）

“舜”、“禹”、“湯武”、“五伯”前均承上省略述語動詞“傷”。因屬特例，本書亦將其視爲述賓結構，列入考察範圍之内。

（6）關於帶引語的“曰”字句。

考察《吕》帶引語的“曰”字句，“曰”後有點斷、不點斷二種情況。分別舉例如下：

A. 昭王曰：“薛之地大小幾何？”公孫弘對曰：“百里。”（不侵）

吴起號乎曰：“吾示子吾用兵也。”（貴卒）

平公曰：“善。”（去私）

A組例句，“曰”後點斷。

B. 人曰“蚩尤作兵”，蚩尤非作兵也，利其械矣。（蕩兵）

昭王固非曰“我知聖也”耳，問曰“先生其聖乎”，己因以知聖對昭王。（審應）

故曰“攻原得衛”者，此之謂也。（為欲）

B組例句，“曰”後不點斷。

有人把“曰”與其後的引語都看做述賓結構，[①]我們認爲不妥，其理由如次：①“曰”是説話人的動作，是直述，“曰”後的引語是轉述[②]；②“曰”後的引語可以很長，很複雜，如《本味》篇，伊尹説湯以至味，“對曰”之後引語達六百餘字，如果衹是簡單地把它看做句子的一個成分，把“曰”及其引語部分的六百餘字看做一個述賓結構，人們在心理上很難接受；③簡單地把“曰”後的引語看做句子的一個成分無益於《吕》述賓結構的定量研究。因此，A組例句、B組例句當分别對待。本書將A組例句中的“曰”與其後的引語視爲不同層面的述説，而看做不同的小

① 管燮初在《左傳句法研究》一書中説：“謂語主要成分‘曰’造成的句子，賓語可以很長，但是整句衹作爲一個句子。”安徽教育出版社，1994. P7.

② 參見邢福義.《漢語複句與單句的對立和糾結》，載《語法問題思索集》，北京語言學院出版社，1995. P224.

句;將B組例句中的“曰”與其後的引語看做述賓結構。①

(7) 述賓結構的賓語有時自身又是一個述賓結構,如:

恐 傷 民。(分職)
└┘ └──┘ 述賓
   └┘└┘ 述賓

簡子可 謂 好 從 諫 矣。(期賢)
 └┘ └────┘ 述賓
   └┘└───┘ 述賓
     └┘└──┘ 述賓
       └┘└┘ 述賓

這種述賓結構我們稱之爲多級述賓結構。本書統計述賓結構時,多級述賓結構按其層次分别統計。如上文《分職》例計爲2,《期賢》例計爲4。

(8) 兼語式(或稱遞係式)中,兼語動詞與兼語之間的語法關係是述賓關係。

據本書上述關於述賓結構的界定,《吕》中出現的述賓結構共計14077例。

2. 賓語的意義分類及其形式特徵

2.1 賓語的意義分類

句法層面的賓語在語義層面充當着各種類型的語義角色,如上文所説的“受事”、“對象”、“空間”之類,賓語的意義分類的根據就是賓語指稱的事物在述語動詞所描寫的語義場景中所充當的語義角色。

① 參見本書一《〈吕氏春秋〉句子的界定》。

2.1.1 語義角色的界定

上古漢語中,與動詞相聯繫的語義角色究竟有多少種類型?或者換句話説,上古漢語中,與動詞相聯繫的語義角色的數量確定爲多少爲宜?這個問題尚需另作專門的、深入的探討。

(1)本書確定語義角色的基本原則是:不同類型的語義角色在句法層面當或多或少地表現出某些差異;而這種差異在《吕》的語言材料中一般都能找到根據。① 如果兩個語義角色的差異僅僅表現在語義層面上,本書將其視爲同一類型。例如:鑿池(分職)、穿井(察傳)中的"池"、"井",在現代漢語語義分析中一般都視爲"結果",而區别於"受事";因爲"結果"因動作而生,具有漸成性,而"受事"在動作發生之前即已存在,具有自立性。② 但考察《吕》,未見"鑿池"、"穿井"與"殺人"在句法層面有何差異,③因此,本書確定的語義角色不包括"結果",而將"池"、"井"歸入"受事"。

(2)語義角色的界定當以義項爲單位。動詞在語境中的詞彙意義是確定義項的基礎。動詞的詞彙意義不同,與之聯繫的語義角色往往有别。例如"交"。考察《吕》,動詞"交"有3個義項:a.交錯;b.交往、結交;c.特指雌雄交合。分别舉例如下:

---

① 當界定語義角色涉及到低頻詞時,我們不得不擴大考察範圍,參考先秦其他文獻。

② 袁毓林.《漢語動詞的配價研究》在分析"吃了一個蘋果"、"挖了一個菜窖"時説:"'蘋果'是受事(patient),其語義特點是自立性、變化性和受動性……'菜窖'是結果(result),其語義特點是變化性、受動性和漸成性。"江西教育出版社,1998.P116~117.

③ 《孟子.盡心下》有"盆成括見殺"例,説明"殺+受事"可以通過被動標記"見"變换爲"受事+見+殺"的形式。但我們未將"結果"從"受事"中獨立出來,除了《吕》中"動+結果"出現頻率不高之外,主要基於以下考慮:1.《吕》中未見"見殺"形式;2.我們不敢肯定是否所有的"動+受事"都可以變换成"受事+見+動"的形式;3.尚無充分材料證明"動+結果"不能變换成"結果+見+動"的形式。

a. 交錯。

壞交道屬 （知化）

b. 交往，結交。

以交諸侯 （制樂）

c. 特指雌雄交合。

虎始交 （仲冬）

一般情況下，與義項 a 聯繫的語義角色衹有 1 個，是無生命的事物，本書視爲“當事”（關於“當事”，見本節（4））；與義項 b 聯繫的語義角色有 2 個，都是有生命的事物，一個是“施事”，一個是“對象”；與義項 c 聯繫的語義角色按理説應該有 2 個，都是有生命的事物，即交合的雌雄雙方，但在句法層面上這兩個語義角色衹由一個句法成分（主語）兼任，即所謂“施受同辭”（按：本書稱之爲“複合語義角色”，記作“施事/受事”，見本節（5））。[1] 三個義項詞彙意義不同，與之聯繫的語義角色亦不同。一般情況下，衹有義項 b 可以構成以它爲述語的述賓結構，如上文《制樂》例。

但在《吕》中，義項 a 偶爾也可構成述賓結構，如：

孤與吴王接頸交臂而僨。（順民）

“交臂”即使臂交叉，形容肉搏之狀。實現“交錯”動作的是“臂”，而致使這一動作實現的是“孤”。由於義項 a 在《順民》例中附加了“致使”這一語義特徵，所以義項 a 也可以聯繫兩個語義角色：一個是“孤”，是致使動作實現者，是“施事”；另一個是“臂”，既是致使動作的受動者，又是實現“交錯”的事物，是“受事”兼“當事”。因此，“交臂”與“交諸侯”，雖然都是由動詞“交”構成的述賓結構，但由於“交臂”之“交”與“交諸侯”之“交”屬不同義項，所以，“臂”與“諸侯”的語義角色亦隨之不同。

“交”例表明，描寫動詞“交”的語義角色的數量及其類型，必須以義項爲單位；動詞義項不同，與之相聯繫的語義角色的數量及其類型亦往

① 在先秦他書中，交合的雙方偶爾也可以在同一句子中共現，如《莊子·齊物論》中就有“麋與鹿交”句，一方（“麋”）出現在主語位置上，而另一方（“鹿”）衹能靠介詞引入，不能出現在賓語位置上。

往有别。

當然,義項的分合亦時有糾葛,人們在操作時,往往見仁見智。我們認爲,確定動詞的義項,除了考慮該動詞在語境中的詞彙意義之外,還當考慮與該動詞聯繫的事物的種類及其數量;衹有這樣,才有可能最大限度地減少主觀隨意性。下面以動詞"止"爲例加以説明。考察《吕》,動詞"止"至少當有 2 個義項:a. 停止、止息;b. 阻止、禁止。分别舉例如下:

a. 停止、止息。

舟止。(察今)

疾乃止。(制樂)

民之貪争之心止矣。(不屈)

有鳥止於南方之阜。(重言)

b. 阻止、禁止。

春子止寡人。(驕恣)

不足以止攻。(應同)

吴王不能止,果伏劍而死。(忠廉)

義項 a 動作止於自身,不涉及他物,所以與義項 a 聯繫的語義角色衹有一個(可以是無生命的事物,如《察今》例,也可以是有生命的事物,如《重言》例),本書視之爲"當事"。義項 b 動作涉及他人他物,是阻止某人某事,所以與義項 b 聯繫的語義角色總是有兩個,一個是"施事"(有生命的事物),一個是"受事"(可以是有生命的事物,如《驕恣》例,也可以是無生命的事物,如《應同》例)。盡管義項 b 的"受事"在句法層面可以省略(如《忠議》例),但在語義層面是必有的。因此,義項 a 不能構成述賓結構,衹有義項 b 才能構成述賓結構。從上述分析中,可以看出,義項 a 與義項 b 無論是在詞彙意義上,還是在其所聯繫的語義角色上,還是在句法層面上都存在着差異;據此,把它們分爲 2 個義項是合宜的。

在《吕氏春秋詞典》中,詞條"止"下還列有義項"栖息、居住",①書

① 《吕氏春秋詞典》列了 4 個義項:①停止、止息。②阻止、禁止。③栖息、居住。④留、留下。見 P19.

證舉的是上文義項 a 中的《重言》例。試比較“栖息”與“止息”二義：“栖息”與“止息”在詞彙意義上没有顯著差異，後者完全可以涵蓋前者；“栖息”與“止息”都是動作止於自身，不涉及他物，與之聯繫的語義角色都衹有一個；它們的區别僅在於與“栖息”義聯繫的語義角色衹能是有生命的事物，與“止息”義聯繫的語義角色既可以是無生命的事物，也可以是有生命的事物，而後者恰恰又可以涵蓋前者。我們把“栖息、居住”義並入義項 a，正是基於上述考慮。

在考察中，我們也注意到，如果僅憑詞彙意義，有時義項 a 與義項 b 的界限很難劃清。例如：

夫以湯止沸，沸愈不止，去其火則止矣。（盡數）

“止沸”之“止”與“沸愈不止”之“止”，它們的詞彙意義並没有甚麼顯著差異。我們把“止沸”之“止”歸入義項 b，而把“沸愈不止”之“止”歸入義項 a，衹是根據前者涉及他物，而後者止於自身罷了。其實，歷史地看，義項 b 當是從義項 a 分化出來的，不過是在義項 a 的詞彙意義之上附加了“致使”語義特徵而已。

（3）語義角色的界定當區分詞（義項）的本用與活用。

我們在上文分析“交”的“交錯”義時，指出，“交錯”義附加了“致使”語義特徵之後，構成的述賓結構“交臂”中，“臂”的語義角色視爲“受事”兼“當事”。在分析“止”的“阻止”義時，指出，“阻止”義也不過是在“止息”義之上附加了“致使”語義特徵而已。而述賓結構“止寡人”、“止攻”中的“寡人”、“攻”則視爲“受事”。爲甚麼同樣是附加了“致使”語義特徵，而在界定語義角色時却有如此不同呢？這是因爲“交臂”中的“交”，我們視爲活用，而“止寡人”、“止攻”中的“止”視爲本用。① 我們認爲，當某詞（義項）臨時活用作他類（包括詞的次類）詞時，其固有的詞彙意義發生了臨時的位移，即在其原有的詞彙意義基礎之上附加了某些語義特徵，如“致使”、“動作”之類，由此而導致該詞附加上一個臨時的語義角色。至於這一臨時的語義角色是單一的語義角色，還是具有雙重身份，則視該詞（義項）的詞類（包括次類）及附加的語義特徵的類别等

① 參見《〈吕氏春秋〉詞類研究》，P17～20.

具體情況而定。“交臂”中的“交”在《吕》中僅出現 1 例，即屬於這種情況。“止寡人”、“止攻”中的“止”，顯然都可以用“使……止”來解釋其義，誠如上文所述，歷史地看，“阻止”義當是從“止息”義分化出來的。爲甚麽我們没有將其視爲活用呢？因爲《吕》中，涉及他人他物、阻止某人某事的“止”出現了 32 例(約佔“止”出現總數的 47%)，這表明，《吕》時代涉及他人他物的“阻止”義已經成爲該詞固有的詞彙意義。從認知的角度看，一個動詞所能激活的典型的語義場景是由該動詞固有的詞彙意義決定的。因此，動詞“止”固有的詞彙意義決定了受其支配的語義角色除了“施事”之外，還必須要有所涉及的“受事”。

由形容詞轉化的動詞，其語義角色的確定亦是如此。例如“輕”與“弱”：

輕：輕視、看輕。

重生則輕利。(審為)

恣則輕小物。(慎小)

弱：以……爲弱，這裏是“欺侮”的意思。

弒其君而弱其孤。(慎行)

是死吾君而弱其孤也。(悔過)

《吕》中，“輕”作動詞，共出現 21 例(約佔“輕”出現總數的 33%)，義爲“輕視”。“輕視”之義都可以用“以……爲輕”解釋，因爲歷史地看，“輕”的“輕視”義是由形容詞“輕”的意動用法演化來的。但從《吕》的材料來看，形容詞“輕”的意動用法已經固定下來，“輕視”義已經成爲“輕”一詞固有的詞彙意義，該詞彙意義自身便具有“意使”語義特徵，它要求“輕”這一動作必須要有 2 個語義角色，一個是“輕”的“施事”，一個是“輕”的“受事”；反映在句法層面上便是以構成述賓結構爲常。① 而“弱”則不同。《吕》中，“弱”作動詞，衹出現上述 2 例(約佔“弱”出現總數的 7%)。這説明形容詞“弱”的意動用法尚未固定下來，衹是一種臨時的用法；“弱”衹有臨時附加上“意使”語義特徵之後，纔可以構成述賓結

① 語義層面必有的語義角色在句法層面不一定總是出現，《吕》中動詞“輕”除了構成述賓結構之外，還可以構成“相輕”、“所輕”等結構。

構。因爲有本用與活用的區别，所以，我們將“輕利”、“輕小物”中的“利”、“小物”視爲“受事”，而將“弱其孤”中的“其孤”視爲“受事”兼“當事”。

(4) 界定語義角色當適當地引入句法層面予以校正。

關於古代漢語的述賓結構，不僅在宏觀上，即界定賓語語義角色的類型和數量上存在着見仁見智的問題，而且在微觀上，即分析具體的述賓結構時，其中賓語的語義角色的歸類，同樣也存在着見仁見智的問題。①

之所以會這樣，首先，誠如上文所述，是因爲語義角色的界定是語義層面的事，它以義項爲單位，但義項的分合，詞的本用與活用都是有待探討的問題。在現代漢語研究中，語義角色可以分得很細，甚至分出幾十種語義角色②，那是因爲現代漢語是活的語言，研究者通過内省的方式，根據自己的語感就可以分辨出其中的差異；而研究者的語感又是爲使用漢語的人們所認同的。研究古代漢語則不然，研究者衹能在自己對古代文獻語言材料的理解的基礎上去歸納；而這種理解，不可避免會或多或少地帶有某些主觀隨意性。

其次，有的語義角色之間並無分明的界限。如上文所舉的《論威》中的一例：

以水投水則散，以冰投冰則沈，以塗投塗則陷。

“投”後出現的“水”、“冰”、“塗”既可以理解爲投向的空間“水中”、“冰上”、“塗上”，也可以理解爲投擲對象。它們之間的界限是很難劃清的。

爲了减少語義角色界定中的主觀隨意性，我們在界定《吕》述賓結構中賓語的語義角色時適當地引入句法層面予以校正。例如“受事”與

① 楊伯峻、何樂士.《古漢語語法及其發展》. P523～549、王克仲.《古漢語動賓語義關係的分類》，載《遼寧大學學報》，1989(5)、崔立斌.《〈孟子〉的述賓結構》，載《語言學論叢》，第17輯等都論及述賓結構中賓語的語義分類，但其分類結果各不相同。

② 見林杏光.《詞彙語義和計算語言學》，語文出版社，1999. P340. 該書云："語義角色分中樞角色和外圍角色"，"外圍角色由名詞、代名詞充當"，"外圍角色分8大類，32小類"。

“對象”，它們都是動作關涉的事物，我們視爲兩種語義角色。之所以將這兩種語義角色分開，其根據在於句法層面。《吕》中，有些帶“轉移”語義特徵的動詞可以同時帶兩個賓語，如：

我將告子其故。（不侵）

子與我衣。（長利）

秦繆公遺之女樂二八與良宰焉。（壅塞）

在句法層面上，相同的語義角色不能在同一句子中共現，即不能在同一句法結構中佔據不同的語法位置。反之，在同一句法結構中共現的語法成分當分屬不同的語義角色。《不侵》例中，“子”、“其故”都是“告”關涉的事物，而且它們又在同一句子中共現，因此，它們當分屬不同的語義角色。“子”是告訴涉及的另一方，我們視爲“對象”，“其故”是告訴的內容，則視爲“受事”。

在區分“受事”與“對象”的具體操作中，我們還參考一條標準：即凡屬動作關涉的事物，如果述賓之間隱含語義介詞的則視爲“對象”，反之，則視爲“受事”。① 至於是否隱含語義介詞，要靠句法層面予以證明。如：

谏静郭君。（知士）——→谏于静郭君[谏于简公。（慎士）]

死无道也。（观世）——→为无道死[吾将为北郭子死也。（士節）]

亡其大夫。（慎行）——→與其大夫亡[湯與伊尹盟。（慎大）]

按：亡，通“盟”。②

“諫静郭君”等述賓結構能够實現上述變换，表明述賓之間確實隱含了語義介詞。因此，“静郭君”、“無道”、“其大夫”屬“對象”。

然而，我們也注意到，使用是否隱含語義介詞這一標準具體操作，

① 關於“語義介詞”，參見楊伯峻、何樂士.《古漢語語法及其發展》、王克仲.《古漢語動賓語義關係的分類》。按：“語義介詞”這一術語有混同語義層面與語法層面之嫌，本書臨時借用這一術語，衹是爲分析時便於説明而已。

② 畢沅曰：“‘以亡’《左傳・昭公 4 年》作‘以盟’。”劉師培曰：“‘亡’、‘盟’音轉。”轉引自陳奇猷.《吕氏春秋校釋》，學林出版社，1984. P1490.

衹能限定在一定範圍。因爲句法層面與語義層面畢竟是兩個不同的層面，它們之間並非一一對應。一些界限清楚的語義角色内部，也存在隱含語義介詞的問題。譬如下文分類列舉中提到的述賓結構“之晉”、“走莒”。《吕》中，“之晉”中間不能出現介詞，而“走莒”却可以變换爲“走於莒”（《審己》中有“水出於山而走於海”）。在語義層面上，“之”、“走”都是表示位移的動作，“晉”、“莒”都是位移的終點，這是很清楚的；因此，盡管它們在句法層面的表現不同，我們仍把“晉”、“莒”視爲同一語義角色，都歸入“空間”。又如上文所舉的雙賓語句，其述賓之間有時也隱含着一個語義介詞，即：

告子其故——→以其故告子[文公以咎犯言告雍季。（義賞）]

——→告子以其故[告之以遠。（知接）]

——→告其故於子[告備於天子。（季秋）]

遺之女樂二八與良宰——→以女樂二八與良宰遺之 （不苟）

當然，在雙賓語句中，盡管隱含語義介詞，我們仍然將“對象”與“受事”視爲兩個語義角色。這不僅是因爲“子”是告訴的對象，“其故”是告訴的内容，其間的界限是很清楚的；而且還在於“對象”賓語與“受事”賓語之前隱含的語義介詞不同，“對象”賓語之前隱含的是語義介詞“於”，而“受事”賓語之前隱含的是語義介詞“以”。

綜上所述，本書將《吕》中涉及賓語的語義角色界定爲 8 類：施事、當事、受事、對象、工具、空間、係事、述事。

施事、當事、係事三個語義角色的主要區别是：施事具有使動性、感知性，或施行某個動作，造成某一事件、某一狀態，或表現出某種感知能力；當事具有變化性，與某一狀態、或某一變化相聯繫；係事既無使動性、感知性，也無變化性，衹是與某種關係相聯繫。

(5) 關於複合語義角色。一個句法成分在語義層面如果兼任兩種語義角色，如上文“交臂”中的“臂”、“弱其孤”中的“其孤”，都是“受事”兼“當事”（下文簡稱“受事/當事”），我們稱之爲複合語義角色。一般語法著作所説的“兼語句”中的“兼語”、“詞類活用”中涉及的“使動賓語”、“意動賓語”在語義層面均爲複合語義角色。

《吕》中，複合語義角色的種類列舉如下：

受事/當事：乾東土。（愛類）/人主自智而愚人。（知度）

受事/施事：嘗人。（上德）/（治十人而）起九人。（察賢）

受事/工具：命後車載之。（舉難）

係事/當事：有一縣後二日。（開春）

係事/施事：有一婦人逾垣入。（知接）

係事1/係事2：蹇叔有子曰申與視。（悔過）

2.1.2 賓語意義分類列舉

根據賓語在語義層面充當的語義角色，本書把賓語分爲以下10類：

受事賓語、對象賓語、施事賓語、當事賓語、工具賓語、空間賓語、使事賓語、意事賓語、係事賓語、述事賓語。

分别列舉如下：

（1）受事賓語〈8524〉

人問其故。（察今）

天子失之。（謹聽）

先見其化也。（觀世）

殺子陽。（觀世）

築高墻。（知接）

公不愛趙。（應言）

重生則輕利。（審為）

知彼知己。（察微）

天下聞之。（行論）

受事賓語是動作直接涉及的事物，其語義角色爲"受事"。動作包括具體動作（如"問"、"殺"、"築"）、心理活動（如"愛"、"輕"）、感知行爲（如"知"、"聞"）等。述語動詞與受事賓語之間一般不含語義介詞。

（2）對象賓語〈893〉

子問我。（執一）

死無道。（觀世）

告仲父。（任數）

諫静郭君。(知士)

對象賓語是動作關涉的對象,其語義角色爲"對象"。述語動詞與對象賓語之間一般含有語義介詞(見上文)。

(3) 施事賓語〈3〉

不容鄉曲。(行論)

皆化其上。(大樂)

亡虢而虜晉。(慎人)

施事賓語指稱的事物是動作的施事者,其語義角色爲"施事"。帶施事賓語的動詞在意義上表示被動。"不容鄉曲"的意思是,不爲鄉曲所容。"虜晉"的意思是,爲晉所虜。

(4) 當事賓語〈147〉

春多雨則夏必旱矣。(情慾)

龍俛耳低尾而逝。(知分)

兵不接刃。(懷寵)

力則多矣,然而寡禮。(悔過)

當事賓語指稱的事物與狀態或變化相聯繫,其語義角色歸入"當事"。如:《情慾》例中,與"多"聯繫的事物是"雨",即"多"的是"雨",而不是"春";《知分》例中,與"俛"聯繫的事物是"耳",而不是"龍"。當事賓語指稱的事物在語義上往往附屬於主語指稱的事物。如:"雨"附屬於"春","耳"附屬於"龍","刃"附屬於"兵"。正因爲當事賓語指稱的事物與狀態或變化相聯繫,所以當事賓語往往都可以變换爲話題,如"春多雨"可以變换爲"春雨多",而表達的意思基本不變。

(5) 工具賓語〈9〉

蒙衣袂而絶乎壽宫。(知接)

傳鼓相告。(疑似)

戰而勝者,戰其勇者也。(決勝)

工具賓語指稱的事物是動作所憑藉的工具、材料、方式等,其語義角色爲"工具"。如《知接》例,考其上文:"(桓公曰)若死者有知,我將何面目以見仲父乎?"則動作"蒙"的受事是其上文中的"面目","衣袂"祇是蒙面所用之物。又如《決勝》例,楊樹達曰:"此文意謂:戰而勝者,以其勇氣爲戰者也。”①依楊説，“戰其勇”中的賓語“其勇”衹是“戰”的憑藉而已。

(6) 空間賓語〈606〉

去鄭之荆。(上德)

齊王走莒。(權勛)

過五鹿，如齊。(上德)

循表而夜涉。(察今)

南至北户。(為欲)

屍在堂上。(貴卒)

公子重耳居蒲。(上德)

空間賓語指動作發生的空間，語義角色爲“空間”。帶空間賓語的述語動詞在語義上都具有“位移”語義特徵，空間包括位移的源點(如“鄭”)、終點(如“荆”、“莒”、“齊”、“北户”)、途徑(如“五鹿”、“表”)、處所(“堂上”、“蒲”)等。需要説明的是：a. 我們把“在”、“居”之類動詞也歸入位移動詞，衹不過其位移爲零罷了。b. 位移動詞之後，聯繫的事物是“空間”，還是“對象”，有時亦有糾葛。僅以“去”爲例：

去鄭之荆。(上德)

夫去人滋久。(聽言)

凡鳥之舉也，去駭從不駭。(審應)按：從，猶“往”。

《上德》中的“去鄭”指離開某一空間；《聽言》中的“去人”指離開某一對象；而《審應》中的“去駭”究竟是指離開某一空間，還是指離開某一對象？那就見仁見智了。我們在具體操作中將“去”(“離開”義)後存在糾葛的事物，如“駭”，都歸入“空間”，其理由如次：①在語義層面，它們都可以歸入位移的源點；②在句法層面，它們與“空間”都處在同一個句法位置上。

(7) 使事賓語〈472〉

治十人而起九人。(察賢)

魯季氏與郈氏鬥鷄。(察微)

① 轉引自《吕氏春秋校釋》，P455.

苦之以驗其志。(論人)

乾東土。(愛類)

東衛之畝。(簡選)

使事賓語指稱的事物都身兼兩個語義角色,或"受事/施事",如《察賢》例中的"九人",《察微》例中的"鷄";或"受事/當事",如《論人》例中的"之",《愛類》例中的"東土",《簡選》例中的"衛之畝"。使事賓語是"受事/施事",還是"受事/當事",取决於述語動詞的性質。如果述語動詞是動詞附加上"致使"語義特徵,則使事賓語是"受事/施事";如果述語動詞是形容詞或名詞活用作動詞,而附加上"致使"語義特徵,則使事賓語是"受事/當事"。

(8) 意事賓語〈102〉

人主自智而愚人。(知度)

魏王辯之。(離謂)

相國將是之乎。(應言)

必不之賴。(離俗)高誘注:不之賴,不賴之也。賴,利也。①

是死吾君而弱其孤也。(悔過)

一般意事賓語指稱的事物都身兼"受事/當事"兩個語義角色,如《知度》例中的"人"、《離謂》、《應言》、《離俗》例中的"之";偶見"受事/施事",如《悔過》例中的"吾君"。帶意事賓語的動詞一般都是形容詞或名詞活用作動詞,而附加上"意使"語義特徵,前者如《知度》、《離謂》、《應言》例,後者如《離俗》例;《吕》中,偶見動詞帶意事賓語,如《悔過》例中的"死吾君"。

(9) 係事賓語〈2042〉

係事賓語一般語法著作都分爲兩類:一類稱"存在賓語",一類稱"類同賓語"。這兩類賓語的語義角色本書都歸入"係事",故合稱係事賓語。分述如下:

① 存在賓語〈1194〉

野有寢耒。(上農)

① 轉引自《吕氏春秋校釋》,P1240.

地有九州。(有始)

馬有生角。(明理)

明年無魚。(義賞)

存在賓語表示事物的存在,述語動詞衹涉及"有"、"無"2詞。"有"表示"存在","無"表示對"存在"的否定。需要説明的是,《吕》中的動詞"有"具有"領有"、"存在"二義。表示"領有"的"有"爲"有1",其主語與賓語在語義上具有隸屬關係,其賓語的語義角色歸入"受事",如"我有子弟"(樂成)。表示"存在"的"有"爲"有2",其賓語的語義角色歸入"係事"。

② 類同賓語〈848〉

吾為汝父也。(疑似)

名為越石父。(觀世)

何謂九野。(有始)

楚之邊邑曰卑梁。(察微)

臣不若東郭牙。(勿躬)

獨不如牛乎。(應言)

類同賓語指稱的事物與主語指稱的事物具有某種類似或同一的關係,述語動詞衹是表示這種聯繫。或表類似,如"若"、"如"("像、如同"義)、"似"等;或表同一,如"爲"("是"義、"叫做"義)、"曰"("叫、稱作"義)、"謂"("叫做、稱作"義)等。

(10) 述事賓語〈1468〉

牛不可行。(重己)

舜弗能為。(貴公)

莫不欲長生久視。(重己)

回何敢死。(勸學)

述事賓語即一般語法著作中所説的助動詞的賓語。關於助動詞在其與後續成分組成的結構中的地位和作用,歷來衆説紛紜,歸納起來,主要是兩種意見:a. 謂語動詞説,b. 狀語説。本書采用了"謂語動詞説",將其後續成分視爲賓語。助動詞的賓語衹能由謂詞(或謂詞短語)充當,因其仍具有某種陳述性,故稱之爲述事賓語。

各類賓語按其出現頻率排序如下：

受事賓語〈8524〉＞係事賓語〈2042〉＞述事賓語〈1468〉＞對象賓語〈893〉＞空間賓語〈606〉＞使事賓語〈472〉＞當事賓語〈147〉＞意事賓語〈102〉＞工具賓語〈9〉＞施事賓語〈3〉①

上述考察表明：《吕》中，述賓結構能容納多種語義角色，但各種語義角色在述賓結構中的分佈大不一樣：其中，“受事”（包括使事賓語、意事賓語）是最主要的語義角色（約佔總數的65%），而“工具”、“施事”僅僅處於萌芽狀態，屬特例而已。

2.2 賓語的形式特徵

賓語的形式特徵可以從以下幾個不同的角度考察：1. 賓語的性質；2. 賓語的構成；3. 賓語的位置；4. 賓語的有無；5. 雙賓語。

2.2.1 賓語的性質

賓語根據其性質可分爲真賓語、準賓語兩大類。真賓語與準賓語的區別在於：真賓語與準賓語在句法層面具有不同的變換。(1)部分準賓語可以變換爲介詞賓語，真賓語不可。(2)部分準賓語可以變換爲兼語，真賓語不可。(3)部分準賓語可以直接變換爲主語，真賓語不可。(4)部分真賓語可以變換爲被動句的主語，準賓語不可。分述如下：

(1) 部分準賓語可以變换爲介詞賓語。即：

述語·(準)賓語——→述語·介詞·賓語 A

——→介詞·賓語·述語 B

例如：

諫静郭君。（知士）——→諫於静郭君[諫於簡公。（慎士）]

齊王走莒。（權勛）——→齊王走於莒[水出於山而走於海。（審己）]

① 賓語的統計數字大於述賓結構的統計數字，是由於有的述賓結構中帶雙賓語的緣故。

投之池中。(必已)——→投之於池中[投之於江。(忠廉)]

死無道也。(觀世)——→死於無道[不死於其君長,不大義也。(離謂)]

——→為無道死[吾將為北郭子死也。(士節)]

執而泣之。(先識)——→為之泣[造父過之而為之泣也。(韓非子·外儲説右上)]

亡其大夫。(慎行)——→與其大夫亡[湯與伊尹盟。(慎大)]

按:亡,通"盟"。

蒙衣袂。(知接)——→以衣袂蒙(之)[以幕蒙之。(左傳·僖公二十八年)]

傳鼓相告。(疑似)——→以鼓傳(之)[疾乎以郵傳命。(上德)]

不容鄉曲。(行論)——→不容於鄉曲[不容於耳。(國語·周語下)]

對象賓語、工具賓語可以實現上述A、B二式變換;施事賓語、空間賓語可以實現上述A式變換。需要説明的是:

① 少數受事賓語也可以實現上述變換。如:

荆人畏鬼。(異寶)——→畏乎鬼[故以衆勇無畏乎孟賁矣。(用衆)]

乃不知禍之將及己。(諭大)——→不知乎禍之將及己[其孰知乎聖化。(本味)]

授几丈。(仲秋)——→授以几丈[授以弓矢。(仲春)]

示必滅夏。(慎大)——→示以必滅夏[又示以人事多不義。(先識)]

委服告病。(行論)——→以病告[宋公服以病告。(行論)]

——→告以病[告以族。(左傳·宣公十年)]

a.能够實現上述變换的受事賓語,其述語動詞主要是雙賓動詞(如《仲春》、《慎大》、《行論》諸例);至於單賓動詞則僅見表示心理活動的動詞(《異寶》)、表示感知的動詞(《諭大》),其所帶受事賓語能够實現上述變换,但僅是特例而已。b.雙賓動詞的受事賓語實現上述變换時,介詞用"以",心理動詞、感知動詞的受事賓語實現上述變换時,介詞用"乎"

或“於”。c. 雙賓動詞所帶的受事賓語可以實現上述 A、B 二式變换；心理動詞、感知動詞所帶的受事賓語衹能實現上述 A 式變换。

② 空間賓語亦有不可實現上述變換者。如：

去鄭而之許。(異寶)↛去於鄭而之於許

昭王出奔隨。(首時)↛出奔於隨①

③《吕》中，A 式中出現的介詞爲“以”、“於”、“乎”，而 B 式中出現的介詞爲“以”、“與”、“爲”。至於準賓語變换爲介詞賓語選擇 A 式，還是選擇 B 式，主要取决於賓語的意義類型，當然，與動詞的意義類型也有一定的關係。

(2) 部分準賓語可以變换爲兼語。即：

述語・(準)賓語——→(致使)・兼語・述語

——→(意謂)・兼語・述語

例如：

治十人而起九人。(察賢)——→(致使)九人起[王叱而起。(至忠)]

魯季氏與郈氏鬥鷄。(察微)——→(致使)鷄鬥[兩日相與鬥。(慎大)]

汝道苦我。(疑似)——→(致使)我苦[天下之民窮矣苦矣。(慎勢)]

乾東土。(愛類)——→(致使)東土乾[塗(益)乾則[益]輕。(别類)]

故相季成。(舉難)——→(致使)季成相[公子年二十而相。(審應)]

人主自智而愚人。(知度)——→(意謂)人愚[人之少也愚。(貴公)]

魏王辯之。(離謂)——→(意謂)之辯[説者雖辯。(悔過)]

① 我們考察了《左傳》、《論語》、《國語》、《孟子》、《墨子》、《孫子》、《荀子》、《韓非子》、《戰國策》等九部先秦文獻，均未見“去(離開)/之(往)/出奔＋於＋名詞(空間)”形式。按：《莊子》中有“使梱之於燕”(徐無鬼)1 例，屬特例。列於此備考。

相國將是之乎。(應言)——→(意謂)之是[辭多類非而是。(察傳)]

弑其君而弱其孤。(慎行)——→(意謂)其孤弱[其令强者其敵弱。(論威)]

使事賓語、意事賓語可以實現上述變换。按:兼語的特點是句子中一個句法成分兼具兩種語義角色,從這個意義上説,使事賓語、意事賓語也是兼語。

(3) 部分準賓語可以直接變换爲主語。即:

述語·(準)賓語——→主語·述語

例如:

春多雨。(情慾)——→雨多[軍大卒多(决勝)]

寡禮。(悔過)——→禮寡[智寡材輕(長攻)]

兵不接刃。(懷寵)——→刃接[刃未接。(論威)]

龍俛耳低尾而逝。(知分)——→耳俛①

當事賓語可以實現上述變换。

(4) 部分真賓語可以變换爲被動句的主語。即:

述語·(真)賓語——→主語·(被動)述語·(於·賓語)A

——→主語·見·述語·(於·賓語)B

——→主語·爲(·賓語)·述語 C

例如:

秦得地。(審應)——→地得[城得而地得。(先識)]

戮吴相。(順民)——→吴相戮[比干戮。(必己)]

故誅太子。(上德)——→太子誅[父誅而代之。(當務)]

秦逐李兑。(戰國策·趙四)——→李兑逐於秦[夫子逐於魯。(慎人)]

萬民説其義。(簡選)——→其義見説於萬民[子胥見説於闔閭。(不苟)]

---

① 《史記·太史公自序》有“遷俯首流涕”句,“俯首”可以變换成“首俯”,《史記·龜策列傳》中即有“首俯足肣”句。按:“俯首”之“俯”與“俛耳”之“俛”義同。

禽夫差。(順民)——→夫差為禽(長攻)

我有子弟。(樂成)——→子弟為我有[今吾生之為我有。(重己)]

受事賓語可以實現上述變換。考察《吕》,受事主語句共計358例,其中帶被動標記“見”的B式計19例;帶被動標記“爲”的C式計37例;A式計302例,其中帶“於·賓語”引進施事的計44例。不帶被動標記的受事主語句約佔總數的85%。上述數字表明,受事主語句以不帶被動標記爲主;以不帶引進施事的“於·賓語”爲主。因此,可以説,受事賓語變换爲受事主語時,一般不帶被動標記,述語動詞前後一般也不帶附加成分。

綜上所述,對象賓語、施事賓語、當事賓語、工具賓語、空間賓語、使事賓語、意事賓語屬準賓語;受事賓語、係事賓語、述事賓語屬真賓語。

2.2.2 賓語的構成

根據賓語的構成成分,賓語可以分爲體詞性賓語、謂詞性賓語兩大類。

(1) 謂詞性賓語的界定。謂詞性賓語是由謂詞或謂詞短語構成的,但是由謂詞充當的賓語不一定都是謂詞性賓語。例如:

救溺者濡,追逃者趨。(舉難)按:《精諭》云:“求魚者濡,争獸者趨。”與此例同旨。

扶傷輿死。(期賢)按:畢沅曰:“死與屍同。”

視折審斷。(孟秋)按:折、斷,指被折斷的肢體。

(以上是動詞充當賓語。)

聖人去小取大。(權勛)按:小,指上文的“小利”、“小惠”。

賜貧窮。(季春)按:貧窮,指貧窮之人。

火就燥。(應同)按:高誘注:“火就燥者先然。”

(以上是形容詞充當賓語。)

上述例句中的賓語都不是謂詞性賓語。誠如按語中所説,充當賓語的謂詞在入句後已臨時轉指具有該動作或該性狀的事物,臨時轉化爲體詞。因此,上述例句中的賓語都是體詞性賓語。

(2) 謂詞性賓語的性質。謂詞性賓語有指稱性賓語與陳述性賓語之分。可以帶謂詞性賓語的動詞分爲兩類,一類是助動詞,一類是非助動詞。非助動詞所帶的謂詞性賓語是指稱性賓語,助動詞所帶的謂詞性賓語是陳述性賓語。分别舉例如下:

A. 舜言治天下。(有度)
宋之庖丁好解牛。(精通)
晉厲知必死於匠麗氏。(禁塞)
告我憂也。(知分)
馬有生角。(明理)
如得慈親。(慎大)
非好儉而惡費也。(重己)
不忘恭敬。(過理)

上述各例是指稱性賓語。爲甚麽稱之爲指稱性賓語呢?試以"言"、"好"、"知"爲例加以説明。"言"、"好"、"知"諸詞充當述語既可以帶謂詞性賓語,又可以帶體詞性賓語。試比較下面的例句:

言:舜言治天下。(有度)
吾不復言道矣。(悔過)
秦客何言。(應言)
我言之。(序意)
好:宋之庖丁好解牛。(精通)
人主其胡可以不好士。(愛士)
客何好。(戰國策·齊策)
好之則不深。(誣徒)
知:晉厲知必死於匠麗氏。(禁塞)
知一鑊之味。(察今)
童子何知。(左傳·襄公三十年)
不穀知之矣。(重言)

《應言》例中"何言"的"何"既可以代"治天下",也可以代"道";《序意》中"言之"的"之"同樣既可以代"治天下",也可以代"道"。這表明,處在賓語位置上的"治天下"與"道"在語義層面上當屬同一語義角色,即都是

“言”的受事；因此，在句法層面它們都可以用體詞性代詞“何”、“之”稱代。處在賓語位置上的“治天下”已不再表示具有時空特徵的動作變化，而指稱動作變化自身。正因爲如此，我們稱之爲指稱性賓語。同理，《精通》例“好解牛”中的“解牛”，《禁塞》例“知必死於匠麗氏”中的“必死於匠麗氏”都是指稱性賓語。

B. 石可破也。（誠廉）

王誠能助臣。（忠廉）

非賢者孰肯犯危。（直諫）

願獻之丈人。（異寶）

我當已。（審己）

世有興主仁士，深意念此，亦可以痛心矣。（禁塞）

上述各例是陳述性賓語。諸例中充當述語的“可”、“能”、“肯”、“願”、“當”、“足”等都是助動詞。助動詞在意義上或表可能，或表意願，或表應當，或表值得，都屬於情態範疇。助動詞的賓語爲甚麽稱之爲陳述性賓語？因爲助動詞的賓語都是陳述主語的。如果充當述語的助動詞脱落，其賓語都可以直接和句子的主語組合，如：

石可破也——→石破

王誠能助臣——→王誠助臣

孰肯犯危——→孰犯危

（我）願獻之丈人——→（我）獻之丈人

我當已——→我已

（興主仁士）亦可以痛心矣——→（興主仁士）亦痛心

變换式同原式相比，主語指稱的事物與賓語中的謂詞語義關係未發生變化，衹是缺少了原式的某種情態，但基本上不背離原式的意思。陳述性賓語不能用“何”、“之”稱代。①

① 考察《吕》，有“能之”〈3〉、“願之”〈5〉兩種形式，如：

臣願之。（上德）/唯有道者能之。（君守）

我們認爲，“願”、“能”是助動詞兼一般及物動詞。上述例句中的“願”、“能”是一般及物動詞，其賓語爲體詞性賓語。參見《〈吕氏春秋〉詞類研究》，P149～151.

(3) 賓語的意義類型與體詞性賓語、謂詞性賓語的對應關係。考察《吕》,空間賓語、使事賓語、施事賓語、當事賓語、工具賓語屬體詞性賓語;述事賓語屬謂詞性賓語(陳述性賓語);受事賓語、對象賓語、意事賓語、係事賓語兼屬體詞性賓語和謂詞性賓語(指稱性賓語)。

2.2.3 賓語的位置

考察《吕》,述賓結構共出現 14077 例,其中賓語在述語之後的述賓結構共出現 13881 例(約佔總數的98.6%),賓語置於述語之前的述賓結構共出現 196 例(約佔總數的 1.4%)。這表明,賓語在述語之後是述賓結構的基本形式。

賓語置於述語之前是不自由的。考察《吕》,賓語置於述語之前需要符合下列條件之一:(1)疑問代詞作賓語;(2)否定句代詞作賓語;(3)用結構助詞作標記。分述如下:

(1) 疑問代詞作賓語。如:

秦客何言?(應言)
雖聞曷聞?(任數)
請奚殺?(必己)
若將安適?(壅塞)
夫子將焉適?(士節)

幾點説明:①疑問代詞充當賓語絶大多數前置,見上述諸例;衹有"誰"〈1〉、"何"〈25〉二詞也可以出現在述語動詞之後。如:

而名為誰?(報更)
敵齊不屍則如何?(不廣)
將奈社稷何?(長見)
王應之謂何?(應言)

"誰"、"何"衹有充當係事賓語,才有可能不前置。見上述諸例。②助動詞充當述語的述賓結構中,前置的疑問代詞置於助動詞之前。如:

公誰欲相?(貴公)

③疑問代詞偶爾出現在雙賓結構中,亦前置。如:

寡人將誰屬國?(貴公)

④從賓語的意義類型上看，疑問代詞充當賓語前置衹包括受事賓語、對象賓語、空間賓語、係事賓語 4 類。

（2）否定句代詞作賓語。如：

我寒而不我衣。（不侵）

王故尚未之知邪。（審己）

未之曾有也。（順民）

桃李之垂於行者，莫之援也。（下賢）

幾點説明：①否定句代詞作賓語《吕》中共出現 68 例，其中代詞賓語前置的 49 例，見上述諸例，後置的 19 例，如：

不知我。（長見）

無欺我也。（貴因）

勿敗之。（尊師）

②代詞賓語是否前置，與否定詞有密切關係。“莫”、“未”所在的否定句中，代詞賓語〈36〉均前置；“無”、“弗”、“勿”三詞所在的否定句中，代詞賓語〈4〉均後置；“不”所在的否定句中，代詞賓語或前〈13〉，或後〈15〉，平分秋色。③助動詞充當述語的否定句中，前置的代詞賓語一般置於助動詞之前〈6〉，如：

天下莫之能禁。（簡選）

莫之敢禁。（勿躬）

猶未之能得。（介立）

亦有置於助動詞之後者〈2〉，如：

天下莫敢之危。（分職）

莫肯之為。（不苟）

④偶爾出現的否定雙賓語句中，代詞賓語亦前置〈2〉，如：

若受吾幣而不吾假道。（權勛）

⑤否定句中，名詞賓語亦偶有前置者〈1〉，如：

不子欺。（貴因）

這顯然是受了代詞賓語前置的影響。⑥從賓語的意義類型上看，否定句代詞充當賓語前置衹包括受事賓語、對象賓語、係事賓語 3 類。

（3）用結構助詞作標記。如：

大熱在上，民清是走。（功名）按：清，指清涼之處。臨時轉類爲名詞。

唯命是聽。（行論）

何敵之有矣。（貴因）

非腐鼠之謂也。（貴生）

養生之謂也。（節喪）

安死之謂也。（節喪）

幾點説明：①標誌賓語前置的結構助詞祇見"是"〈5〉、"之"〈54〉二詞，"之"最爲活躍。這與我們對先秦其他文獻考察的結論是一致的。它表明，"至遲在戰國中期，'賓·是·動'句式基本衰亡，而'賓·之·動'句式仍活躍在當時的書面語中"。① ②前置賓語可以由體詞語充當，如《功名》至《貴生》諸例；也可以由謂詞語充當，如《節喪》2例。由謂詞語充當的前置賓語均爲指稱性賓語。③從賓語的意義類型上看，用結構助詞作標記的前置賓語祇包括受事賓語、對象賓語、空間賓語、係事賓語4類。

有的文章説："總體看來，先秦的動賓短語，'動＋賓'、'賓＋動'的語序并存。"②對此，我們不敢苟同。因爲這種籠而統之的"并存"説未能準確地反映《吕》的語言事實。從《吕》來看，"動＋賓"是動賓短語的基本語序，這不僅反映在出現頻率上，"動＋賓"的語序佔絶對優勢（約佔述賓結構總數的98.6％），而且還反映在出現條件上，"動＋賓"的語序是自由的，而"賓＋動"的語序則受到種種語法條件的限制，是不自由的。我們認爲，歷時地看，《吕》中"賓＋動"的語序或許是遠古漢語語序的殘餘；共時地看，《吕》中"賓＋動"的語序祇是"動＋賓"在特殊條件下的變體而已。

① 見殷國光.《先秦漢語帶語法標誌的賓語前置句式初探》，載《語言研究》，1985(2).

② 見儲澤祥.《從動賓短語的演變情況看漢語句法結構的特點》一文，載《古漢語研究》，1998(2).

2.2.4 賓語的有無

在一定的語境中,述賓結構的賓語有的可以不出現,而有的必須出現。可以不出現的賓語有受事賓語、對象賓語、施事賓語、工具賓語、空間賓語;必須出現的賓語有當事賓語、使事賓語、意事賓語、係事賓語、述事賓語。

賓語必須出現的有兩種情況:

(1) 賓語的有無對句子主語、述語動詞之間的語義關係産生影響。試比較下面A、B兩組例句:

A. 春多雨。(情慾)

(良醫)治十人而起九人。(察賢)

人主自智而愚人。(知度)

B. 春多

(良醫)治十人而起

人主自智而愚

《情慾》例,A句,"雨"是當事賓語,是述語"多"的當事,意思是"雨多";B句無賓語"雨",則"春"爲"多"的當事,意思是"春多",賓語的有無使句義發生了明顯的變化。《察賢》例,A句,述語動詞"起"具有"致使"語義特徵,"九人"是使事賓語,是"起"的受事兼施事;B句無賓語"九人",則"起"的"致使"語義特徵消失,"(良醫)"爲"起"的施事。《知度》例,A句,述語動詞"愚"具有"意使"語義特徵,"人"是意事賓語,是"愚"的受事兼當事;B句無賓語"人",則"愚"的"意使"語義特徵消失,"人主"成爲"愚"的當事。

上述分析表明,當事賓語、使事賓語、意事賓語的有無會改變句子主語、述語動詞之間的語義關係,使句義發生變化。①

(2) 賓語不出現則很難成句。係事賓語、述事賓語就是屬於這一類。分述如下:

①係事賓語。請看下面的例句:

---

① 參見楊伯峻、何樂士.《古漢語語法及其發展》,P554.

A_1 吾為汝父也。(疑似)

何謂九野。(有始)

楚之邊邑曰卑梁。

B_1 ×吾為

×何謂

×楚之邊邑曰

A_2 其高大若山。(安死)

穗如馬尾。(審時)

B_2 ×其高大若

×穗如

A_3 野有寢耒。(上農)

明年無魚。(義賞)

B_3 ×野有

×明年無

A_1 組例句,述語動詞表示同一關係;A_2 組例句,述語動詞表示類似關係;A_3 組例句,述語動詞表示存在。考察《吕》,上述三類動詞充當述語時帶賓語的具體情況如下:

述語動詞 / 描寫類別	A_1			A_2					A_3	
	爲$_2$	謂$_2$	曰$_2$	若	猶	似	如$_2$	類	有$_2$	無
充當述語頻次	77	143	82	287	23	39	103	6	736	588
帶賓語頻次	77	143	82	281	23	22	103	6	724	588

統計數字表明,帶係事賓語的動詞充當述語時,賓語必須出現,A_1 類動詞尤爲嚴格。A_2、A_3 類動詞中,"若"、"似"、"有"3 詞的情況有些例外。"若"、"有"的係事賓語偶爾不出現("若"6 例,約佔總數的 2%;"有"12 例,約佔總數的1.6%),但有條件,即述語動詞前必須有副詞修飾,或是否定副詞(僅見"弗"〈2〉、"不"〈1〉、"無"〈9〉"未"〈1〉),或是情狀副詞(僅見"相"〈3〉、"果"〈1〉、"幸"〈1〉),如:

臣弗若也。(贊能)

臣不若也。(贊能)

莖相若。(審時)

誰國無有。(至忠)

於故記果有。(至忠)

"似"的情況較爲特殊,雖有17例未帶賓語,但其中13例是用於比喻的凝固格式"有似於此",如:

亂世之樂有似於此。(大樂)

係事以補語的形式出現,這恐怕是當時的習慣用法;另4例述語動詞前必須有副詞"相"〈4〉修飾,如:

豕與亥相似。(察傳)

② 述事賓語。助動詞充當述語的句子必須帶賓語,請看下表:

助動詞 / 描寫類別	可$_1$	能$_1$	得$_1$	足	願$_1$	欲$_1$	敢	忍$_1$	當$_1$	宜	肯	可以	足以
充當述語頻率	437	347	132	75	32	221	90	11	8	9	34	147	10
帶賓語頻率	434	347	132	75	32	220	90	9	8	9	29	147	10

幾點説明:

a."可"、"能"、"得"、"願"、"欲"、"忍"、"當"諸詞均爲動詞兼助動詞:①

可$_1$,助動詞,表示可能。/可$_2$,動詞,表示贊同或許可。②

---

① 關於助動詞的界定,見《〈吕氏春秋〉詞類研究》,P149~151.

② 《吕》中,"可"還有義項"合宜、適合",爲形容詞。可以單獨作謂語,亦可活用作動詞。如:"去其'荆'而可矣。"(貴公)/"令圜,則可不可,善不善,無所壅矣。"(圜道)按:可不可,使不可爲可。使動用法。/"説淫,則可不可而然不然。"(正名)按:可不可,以不可爲可。意動用法。

能$_1$,助動詞,表示可能。/能$_2$,動詞,能做。

得$_1$,助動詞,表示可能。/得$_2$,動詞,得到。/得$_3$,動詞,得當。

願$_1$,助動詞,表示意願。/願$_2$,動詞,希望,願意做。

欲$_1$,助動詞,表示意願、應當。/欲$_2$,動詞,想得到。

忍$_1$,助動詞,表示意願。/忍$_2$,動詞,忍受。/忍$_3$,動詞,殘害。

當$_1$,助動詞,表示必要。/當$_2$,動詞,相當。/當$_3$,動詞,面對。/當$_4$……

凡動詞義項,或可以獨用,或可以帶體詞性賓語。如:

"臣請伏於陛下以伺候之……"公曰:"可。"(制樂)/可$_2$,表示許可。

唯有道者能之。(君守)/能$_2$,能做。

荆人得之。(貴公)/得$_2$,得到。/審所以為,則輕重得矣。(審為)/得$_3$,得當。

臣願之。(上德)/願$_2$,願意做。

非弗欲也。(驕恣)/非不欲免也。(慎勢)/欲$_2$,想得到。

父子相忍。(明理)/忍$_3$,殘害。

星一徙當一年。(制樂)/當$_2$,相當。/軍相當,六月而不戰。(處方)/當$_3$,面對。

b. 表示意願的"忍$_1$"、"肯",其賓語有時可以不出現。如:

以父行法,不忍。(高義)

王赦之而不肯。(高義)

助動詞前必須出現否定副詞"不"。

助動詞充當述語的句子(A 組例句),如果述事賓語不出現,或不能成句,或述語的義項發生了變化(見 B 組例句);但如果充當述語的助動詞脱落,反而都能成句(C 組例句)。

A. 吾欲伐衛十年矣。(期賢)

回何敢死。(勸學)

牛不可行。(重己)　?牛不可

舜弗能為。(貴公)　?舜弗能

B. ×吾欲

×回何敢

按：可$_3$，合宜。

按：能$_2$。

C. 吾伐衛十年矣。

回何死

牛不行

舜弗為

究其原因，那是因爲助動詞盡管充當述語，但其核心地位衹是形式上的，其作用仍是輔助性的，衹是表示某種情態（可能、意願）而已；句子真正的語義重心是在述事賓語部分；因此，述事賓語必須出現。又因爲句子主語指稱的事物同時又是述事賓語中動詞支配的語義角色，所以，没有助動詞仍能成句（這裏指其語義關係不變，語法形式成立），衹不過缺少了原句中的情態罷了。

2.2.5 雙賓語

述賓結構中，述語動詞一般衹帶一個賓語，少數動詞可以帶兩個賓語。前者稱之爲單賓結構，後者稱之爲雙賓結構。雙賓結構中的雙賓語在語義上一般不指稱同一對象，①在結構上没有組合關係。舉例如下：

A_a. 秦繆公遺之女樂二八與良宰焉。（壅塞）

我將告子其故。（不侵）

A_b. 告我憂也。（知分）

示民無私。（慎大）

B. 負之斧質。（慎行）

郄宛欲飲令尹酒。（慎行）

注之東海。（古樂）

C. 太史謁之天子。（孟春）

問之魯鄙人。（君守）

① 《聽言》："謂之天子。""之"與"天子"指稱同一對象，屬特殊的雙賓語。

獻之惠王。(淫辭)

投之池中。(必己)

《吕》中,雙賓結構共出現189例,其中A組110例,B組16例,C組45例。另有特殊雙賓結構18例。

幾點説明:

(1) 雙賓語的語義類型。雙賓語的語義類型與雙賓動詞的語義特徵有着密切關係。考察《吕》,雙賓動詞一般都具有"轉移"的語義特徵;所謂"轉移",必須聯繫三個事物:(甲)轉移的施事、(乙)轉移的對象(或空間)、(丙)轉移的受事。(乙)和(丙)可以在述語動詞後共現,從而構成雙賓結構。因此,對象賓語和受事賓語(見A組、C組例句)、空間賓語和受事賓語(見C組例句)、使事賓語和受事賓語、使事賓語和空間賓語(見B組例句)可以在雙賓結構中共現。此外,不具有"轉移"特徵的雙賓動詞構成的雙賓結構中,對象賓語和係事賓語亦可共現,衹是屬於特例而已,見下文(5)。

(2) 雙賓語的位置。雙賓語的位置與賓語的語義類型有密切關係。如果雙賓語是對象賓語和受事賓語,則有兩種語序,或受事賓語在後(A組),或受事賓語在前(C組),以受事賓語在後爲常。受事賓語在前受到很大限制,衹能由代詞"之"充當。如果雙賓語中有一個是使事賓語,則衹有一種語序,即使事賓語在前(B組)。如果雙賓語中有一個是空間賓語,也衹有一種語序,即空間賓語在後(C組)。

(3) 雙賓語的構成。對象賓語、空間賓語、使事賓語衹能由體詞語充當,受事賓語的構成取決於位置及雙賓動詞。誠如上文所述,如果受事賓語在前,衹能由代詞"之"充當,鮮有例外;①如果受事賓語在後,可以由體詞語充當(A_a組),也可以由謂詞語充當(A_b組),取決於雙賓動詞的小類。

(4) 雙賓語的變换。雙賓語的變换與賓語的意義類型有關。衹有對象賓語、受事賓語可以實現下述變换:

① 《吕》中僅見2例受事賓語在前而未用代詞"之"者:
徙宅西河。(音初)/加綱旃。(慎勢)

述語・賓$_1$・賓$_2$ ⟶ 述語・賓$_1$・以賓$_2$　A_1

⟶ 以賓$_2$・述語・賓$_1$　A_2

⟶ 述語・賓$_1$・於賓$_2$　B

受事賓語可以實現A式變換，對象賓語可以實現B式變換。如：

秦繆公遺之女樂二八與良宰焉。（壅塞）

⟶ 遺之以女樂二八與良宰[遺之以璧馬。（韓非子・喻老）]

⟶ 繆公以女樂二八與良宰遺之。（不苟）

告我憂也。（知分）

⟶ 告我以憂[告之以遠。（知接）]

⟶ 以憂告我[文公以咎犯言告雍季。（義賞）]

⟶ 告憂於我[告備於天子。（季秋）]

問之魯鄙人。（君守）

⟶ 問之於魯鄙人[宋君令人問之於丁氏。（察傳）]

需要説明的是，《吕》中的雙賓結構能够實現上述變换的衹是少數，這一方面固然是由於語言材料的限制，而另一方面當與雙賓動詞内部的差異有關。①

（5）特殊的雙賓結構〈18〉。

①餘若夫何哉。（勸學）

將奈社稷何。（長見）

其特殊之處在於：述語動詞"若"、"奈"不具備明顯的"轉移"語義特徵；直接賓語固定爲"何"；無"述語動詞＋賓（對象）"的形式；無一般雙賓結構上述各種變换形式。

②謂之天子。（聽言）

俗雖謂之窮。（高義）

其特殊之處在於：述語動詞"謂"不具備明顯的"轉移"語義特徵；雙賓語在語義上指稱同一對象；無"述語動詞＋賓（對象）"的形式；無一般雙賓結構上述各種變换形式。

---

① 參見殷國光.《先秦漢語的雙賓動詞》，載《語言論集》第三輯，P181～207.文化藝術出版社，1989.

2.3 賓語的意義分類及其形式特徵對應情況一覽表

	賓語的性質		賓語的構成			可前置	賓語的有無		雙賓語
	真賓語	準賓語	體詞性	謂詞性			可無	必有	
				指稱	陳述				
受事賓語	+		+	+		+	+		+
對象賓語		+	+	+		+	+		+
施事賓語		+	+				+		
當事賓語		+	+					+	
工具賓語		+	+				+		
空間賓語		+	+			+	+		+
使事賓語		+	+					+	(+)
意事賓語		+	+	+				+	
係事賓語	+		+	+		+		+	(+)
述事賓語	+				+			+	

3. 述語動詞對賓語的選擇

述語動詞的語義特徵不同,其所聯繫的語義角色亦有差異。這種差異反映在句法層面上,即表現爲述語對賓語的選擇上。

3.1 動詞的語義特徵

3.1.1 動詞的語義分類

語義特徵是指對詞語的意義進行分解後得到的抽象性和概括性的範疇意義。語義特徵包含着一個個具體的語義特徵要素，這些要素的作用範圍有大有小，具有一種層次性。範圍大的語義特徵决定動詞（義項）的大類，範圍小的語義特徵决定動詞（義項）的小類。本書按語義特徵的不同將《吕》中的動詞分爲四個大類：動作動詞、狀態動詞、關係動詞和情態動詞。

動作動詞，表示的是人或事物的動作、行爲本身的形式。這裏的"動作"是一種廣義的概念，指的是該類動詞具有動態性質。既包括人或事物的具體動作行爲，也包括人的心理、感知、情緒、思想以及言語等有關的抽象動作行爲；既包括人或事物自主發出的動作，也包括人或事物在非自主的情况下發出的動作行爲。

動作動詞表示的動作，有的及於他物，有的止於自身，據此可將動詞分爲及物、不及物二類。

動作動詞内部除了一般動作動詞之外，還包含三個特殊的小類：具有"致使"語義特徵的動作動詞（如"使$_2$"、"請$_2$"等兼語動詞）、具有"位移"語義特徵的動作動詞（如"走"、"之"等）和具有"轉移"語義特徵的動作動詞（如"與"、"告"等雙賓動詞）。

指稱事物、表示性狀的他類詞臨時轉類表示動作，亦歸入動作動詞。

狀態動詞，表示某種静止的或持續的狀態。指稱事物、表示性狀的他類詞臨時轉類表示性狀的變化，亦歸入狀態動詞。

關係動詞，表示參與者之間的存在關係或類同關係。指稱事物的他類詞臨時轉類表示類同關係，亦歸入關係動詞。

情態動詞，表示參與者主觀的願望態度或事件的可能性、可行性及必要性。按："情態動詞"即上文所説的"助動詞"。

3.1.2 動詞的臨時附加義

一般地説,動詞的語義特徵是由動詞的詞義所决定的,是動詞自身所固有的。但在《吕》中,有的語義特徵可以臨時附加在動詞(包括由他類詞臨時轉類的動詞)之上,從而導致該詞語義、語法功能的變化。

例如"死"。"死"本是非自主的行爲,是瞬間完成的動作,如:"靡草死。"(孟夏)在語義層面上"死"衹聯繫一個語義角色,即"施事",在句法層面上不帶賓語。但"死"有時又可臨時附加上"自主"語義特徵,從而成爲自主的行爲,如:"吾將死之。"(恃君)"死之"即爲之而死的意思。附加上"自主"語義特徵的"死"在語義層面上必須聯繫兩個語義角色,即"施事"和"對象";在句法層面上帶一個賓語。此外,"死"還可臨時附加上"意使"語義特徵,如:"是死吾君而弱其孤也。"(悔過)"死吾君"即認爲吾君已死的意思,是述賓結構。其中附加上"意使"語義特徵的"死"自然是自主行爲,聯繫"施事"和"受事/施事"兩個語義角色。同一動詞附加的語義特徵不同,語義角色的類型亦有差異。

又如"負"。"負"是以背馱物的動作,聯繫兩個語義角色,即"施事"和"受事",衹帶一個賓語,如:"黄龍負舟。"(知分)但"負"可臨時附加上"致使"語義特徵,從而使"負"聯繫三個語義角色,帶雙賓語,如:"(荆靈王)得慶封,負之斧質。"(慎行)"荆靈王"爲"施事","斧質"爲"受事","之"(代"慶封")爲"受事/施事"。

再如"帶"。"帶"是佩帶的動作,聯繫兩個語義角色,即"施事"和"受事",衹帶一個賓語,如:"(静郭君)帶其劍。"(知士)在《吕》中,"帶"可臨時附加上"轉移"語義特徵,從而使"帶"聯繫三個語義角色,即"施事"、"對象"和"受事",如:"乃禮天子所御,帶以弓韣,授以弓矢。"(仲春)"帶以弓韣"中,"施事"即有司,在語境中省略,"對象"即"天子所御",亦承上文省略,"受事"即"弓韣"。在句法層面上,没有"轉移"語義特徵的"帶其劍"不能變换爲"帶以其劍",而附加上"轉移"語義特徵的"帶弓韣"可以變换爲"帶以弓韣"。

3.1.3　語義層面與句法層面的對應性與非對應性

語義層面與句法層面的對應是相對的。僅以雙賓動詞和雙賓結構爲例。誠如上文所説,雙賓動詞一般都具有"轉移"的語義特徵,雙賓結構的語義可以解釋爲:甲方發出動作,致使事物丙由甲方轉移至乙方,或由乙方轉移至甲方。前者我們稱之爲外向轉移;後者我們稱之爲内向轉移。"授予"義動詞、"告示"義動詞屬於外向轉移,"取得"義動詞、"聞問"義動詞屬於内向轉移。外向轉移動詞既可以構成A式雙賓結構(A組),也可以構成C式雙賓結構(C組);内向轉移動詞衹構成C式雙賓結構(惟"奪"一詞例外)。這些都反映出語義層面與語法層面相對應的一面。

然而,具有"轉移"語義特徵的動詞未必都是雙賓動詞,例如"賣"、"饋"、"讓"等諸詞,在《吕》中都衹帶一個賓語;而某些不具有"轉移"特徵的動詞,如"若"、"謂"等,却可以帶雙賓語。此外,同是表示外向轉移的雙賓動詞有的衹構成A式雙賓結構,如"與"("與我衣"),有的衹構成C式雙賓結構,如"獻"("獻之惠王")。再如上文提及的"奪",雖屬内向轉移動詞,但衹構成A式雙賓結構("奪之國")。這些又反映出語義層面與句法層面非對應的一面。

3.2　述語動詞對賓語的選擇

請看下表:

<table>
<tr><td rowspan="3">動詞的語義特徵
賓語的語義類型</td><td colspan="5">動作動詞</td><td rowspan="3">狀態動詞</td><td rowspan="3">關係動詞</td><td rowspan="3">情態動詞</td></tr>
<tr><td colspan="4">及物動詞</td><td rowspan="2">不及物動詞</td></tr>
<tr><td>一般及物動詞</td><td>致使動詞</td><td>位移動詞</td><td>轉移動詞</td></tr>
<tr><td>受事賓語</td><td>+</td><td></td><td></td><td>+</td><td>22</td><td></td><td></td><td></td></tr>
<tr><td>對象賓語</td><td>+</td><td></td><td></td><td>+</td><td>(+)</td><td></td><td></td><td></td></tr>
</table>

施事賓語	+							
當事賓語						+		
工具賓語	+							
空間賓語			+	+				
使事賓語	+	+		+	(+)	(+)		
意事賓語					(+)	(+)	(+)	
係事賓語							+	
述事賓語								+

附加上臨時語義特徵的動詞所帶的賓語類型用(　)標示。

關於上表的幾點説明：

(1) 動作動詞最爲活躍，可以帶受事賓語、對象賓語、施事賓語、工具賓語、空間賓語、使事賓語、意事賓語等各種類型賓語；狀態動詞次之，可以帶當事賓語、使事賓語、意事賓語；關係動詞更次之，可以帶係事賓語、意事賓語；情態動詞最不活躍，衹帶述事賓語。

(2) “致使”語義特徵較爲活躍，可以附加在及物動作動詞、不及物動作動詞、臨時轉類的動詞、狀態動詞之上，而使該類動詞帶使事賓語；“意使”語義特徵一般衹附加在由他類詞臨時轉類的動詞之上。

(3) 由他類詞臨時轉類的動詞所帶賓語類型與其原來的詞類有關。由名詞臨時轉類的動詞一般帶受事賓語、對象賓語，如：

吾舉登也，已耳而目之矣。……是耳目人終無已也。(知度)

按：受事賓語。

代君好色，請以其(弟)姊妻之。(長攻)

按：對象賓語。

三士羽翼之也。(舉難)　按：受事賓語。

也可帶意事賓語，如：

必不之賴。(離俗)

偶爾帶使事賓語，如：

東衛之畝。(簡選)

由數詞臨時轉類的動詞衹帶使事賓語，《吕》中僅見“參”、“倍”2詞，如：

每斮者以吾參夫二子者乎。(貴直)

按:參,使並列爲三。

今吾倍所以為偏枯之藥。(別類)

由形容詞臨時轉類的動詞既可帶使事賓語,也可帶意事賓語,是自由的。如:

薄賦斂。(原亂)

干東土。(愛類)

(以上帶使事賓語)

當時而薄之。(任地)

人主自智而愚人。(知度)

(以上帶意事賓語)

偶爾帶對象賓語,《吕》中僅見"巧"1詞:

多詐則巧法令。(上農)

(4) 關係動詞中表示存在的"有"亦可帶兼語,構成兼語句,如:

有一婦人逾垣入。(知接)

"一婦人"的語義角色爲"係事/施事"。

4. 述賓結構的句法功能

4.1 充當句法成分

述賓結構最基本的句法功能是充當謂語(約佔總數的88%,例見上文),此外,還可以充當賓語、定語、主語、狀語等句法成分。分別舉例如下:

4.1.1 充當賓語

例如:

禁止伐木。(孟春)

請見宣王。(知士)

舜言治天下。(有度)

宋之庖丁好解牛。(精通)

伯樂學相馬。(精通)

不若審之。(貴生)

是謂發天地之房。(仲冬)

可以託天下。(貴生)

欲禁天下之食。(用兵)

(以上充當動詞賓語)

此生於得聖人。(勸學)

故適心之務在於勝理。(適音)

杜赫説周昭文君以安天下。(論大)

客有以吹籟見越王者。(遇合)

務在乎明其火振其樹而已。(期賢)

(以上充當介詞賓語)

幾點説明:

(1) 帶不同意義類型賓語的述賓結構充當賓語的差異。《吕》中,述賓結構充當賓語共計1013例,帶不同意義類型賓語的述賓結構充當賓語的情況按其出現頻率排序如下:

述+受事賓語〈792,約佔總數的78%〉>述+係事賓語〈95,約佔9%〉>述+對象賓語〈44,約佔4%〉>述+使事賓語〈44,約佔4%〉>述+空間賓語〈17,約佔2%〉>述+述事賓語〈12,約佔1%〉>述+當事賓語〈7,不到1%〉>述+意事賓語〈2,不到1%〉>述+工具賓語〈0〉/述+施事賓語〈0〉

上述序列表明:帶受事賓語的述賓結構充當賓語的能力相對來説最强;其次是帶係事賓語、對象賓語、使事賓語、空間賓語的述賓結構;至於帶述事賓語、當事賓語、意事賓語的述賓結構充當賓語對述語都有特殊的選擇(見附表1),可視爲特例;處於萌芽狀態的、帶工具賓語或施事賓語的述賓結構不能充當賓語。

(2) 述賓結構充當賓語的位置。述賓結構充當賓語，其位置亦在述語之後；在述語之前者僅 17 例（約佔總數的 2%），屬特例。述賓結構充當賓語，其位置在述語之前者分兩種情況：（一）用結構助詞作標記〈5〉。如：

養生之謂也。（節喪）

全生之謂。（節喪）

充當述語的動詞僅"謂"一詞，前置者爲充當賓語的整個述賓結構。如《節喪》例中的"養生"。（二）不用結構助詞作標記〈12〉。如：

公誰欲相？（貴公）

是何能為？（先識）

人莫之能解。（君守）

莫之敢禁。（勿躬）

充當述語的動詞均爲情態動詞（僅見"欲"、"能"、"敢"3 詞），前置者僅爲充當賓語的述賓結構中的代詞賓語而已。① 如《貴公》中的"誰"，《先識》中的"何"，《君守》中的"之"。

(3) 述賓結構充當賓語對述語的選擇。述賓結構充當賓語，不言而喻，其述語動詞必須是能帶謂詞性賓語的動詞。本書在 3.1.1 節中按語義特徵的不同將《吕》中的動詞分爲四個大類：動作動詞、狀態動詞、關係動詞和情態動詞。這四類動詞，除狀態動詞外，都可以帶謂詞性賓語。當然，這祇是一個籠統的說法，因爲動作動詞，據其語義特徵還可以分出許多次類，而有一些次類是不能帶謂詞性賓語的。例如"位移動詞"、"致使動詞"等。上述三類可以帶謂詞性賓語的動詞，根據其在《吕》中帶述賓結構賓語的出現頻率排序如下：

情態動詞〈619〉＞動作動詞〈238〉＞關係動詞〈96〉

帶不同語義類型賓語的述賓結構充當賓語，對述語動詞的選擇存

① 前置的代詞賓語也可置於述語之後，如：

莫肯之為。（不苟）/天下莫敢之危。（分職）

就《吕》的語言材料來看，文中所舉"莫之敢禁"當屬基本形式，而"莫敢之危"當屬特例。

在着差異，其具體情況見附表 1。

(4) 述賓結構充當賓語對介詞的選擇。《吕》中，述賓結構充當介詞賓語共出現 60 例；帶述賓結構賓語的介詞僅見“於”、“以”、“乎”3 詞，其中以“於”爲主〈41〉，其次是“以”〈15〉、“乎”〈4〉。

帶不同語義類型賓語的述賓結構充當賓語對介詞的選擇亦有差異，見附表 1。

(5) 誠如 2.2.2 節中所説，由謂詞充當的賓語不一定都是謂詞性賓語；同理，由述賓結構充當的賓語也偶有臨時轉指事物的。例如：

死無道，逆也。(觀世)

守無道而救不義。(禁塞)

是息有道而伐有義也。(振亂)

上述例句中的“無道”、“有道”、“有義”分别轉指“無道之君”、“有道之君(國)”、“有義之君(國)”。

4.1.2 充當主語

例如：

立官者，以全生也。(本生)

全生為上。(貴生)

可勝在彼。(决勝)

死之可矣。(上德)

知人固不易矣。(任數)

夫去人滋久。(聽言)

讓國，大實也。(不屈)

執民之命，重任也。(行論)

禮士莫高乎節欲。(下賢)

所謂全生者，六欲皆得其宜也。(貴生)

用民有紀有綱。(用民)

務樂有術。(大樂)

幾點説明：

(1) 按主語與謂語的語義關係分析，主語的語義類型大致可分爲四類，即施事主語、受事主語、存在主語和主題主語。①《吕》中，述賓結構充當主語共出現 90 例，按其語義類型，基本上都是主題主語〈82〉，見上文《本生》至《貴生》後例；衹有少數是存在主語〈8〉，見上文《用民》、《大樂》例。

(2) 述賓結構充當主語，其謂語雖然以謂詞性的（包括動詞或動詞短語、形容詞、數詞、謂詞性指示代詞）爲主〈73〉，但也可以是體詞性的〈7〉，如上文《不屈》、《行論》例，還可以是小句〈10〉，如上文的《下賢》、《貴生》後例。

帶不同語義類型賓語的述賓結構充當主語對謂語的選擇存在着差異，其具體情況見附表 2。

(3) 述賓結構充當主語，其位置在謂語之前；但偶有在謂語之後者〈2〉：

命也夫事君。（執一）

易哉為君。（任數）

僅見於感嘆句；謂語及其句末語氣詞前移衹是爲了加重語氣，以表達强烈的情感。

(4) 由述賓結構充當的主語也偶有臨時轉指事物的。例如：

今無道不義存。（振亂）/無道與不義者存。（禁塞）

若是三。（任數）/如此者三。（忠廉）/如此者再。（直諫）

試比較上述兩組例句，顯然，《振亂》例中的“無道”轉指“無道者”；《任數》例中的“若是”轉指“若是者”。

(5) 述賓結構充當主語，其前面有時出現標記。《吕》中，主語前的標記或用副詞“凡”〈10〉、“唯”〈1〉，或用語氣詞“夫”〈5〉。例如：

凡事人，以為利也。（離謂）

凡行賞，欲其博也。（不苟）

凡為善難。（審分）

唯得其道為可。（用民）

夫得聖人，豈有里數哉。（贊能）

---

① 參見楊伯峻、何樂士.《古漢語語法及其發展》，P758～770.

4.1.3 充當定語

例如：

此全性之道也。（本生）
欲鐘之心勝也。（權勛）
墨子設守宋之備。（愛類）
去食粟之鳥。（慎小）
此無君之患。（恃君）
哭國之法斫。（貴直）
堯有欲諫之鼓。（自知）
舜以卑父之號。（舉難）

《吕》中，述賓結構充當定語共出現 119 例，均須藉助虛詞"之"；惟中心語爲名詞"故"例外。例如：

由重生故也。（本生）
不知要故也。（當染）
此生乎不知樂之情而以侈為務故也。（侈樂）

考察《吕》，這種情況共出現 8 例，均出現在表明判斷、説明原因的句子中，句末均有"也"作爲標記。①

帶不同語義類型賓語的述賓結構充當定語存在着差異，例如帶"係事賓語"中的"類同賓語"的述賓結構，帶"意事賓語"、"施事賓語"、"工具賓語"的述賓結構，均未見充當定語。其具體情況見附表 3。

4.1.4 充當狀語

例如：

奈何其假之道也。（權勛）
若何其沈於酒也。（達鬱）
若何而服四荒之外。（知度）

---

① 考察先秦他書，名詞"故"的多音節修飾語亦很少藉助虛詞"之"，與《吕》相同。詳見本書三《〈吕氏春秋〉不含"之"的體詞性向心結構的考察》。

功若此其大也。(開春)①

説如此其無方也。(必己)

《吕》中,述賓結構充當狀語衹是個别現象。我們之所以這樣説,一是述賓結構充當狀語出現頻率極低,衹有 18 例,佔述賓結構總數 0.1%左右;二是充當狀語的述賓結構僅見“奈何”、“若何”、“若此”、“如此”等四種凝固格式;三是“奈何”等充當狀語並不是自由的,須藉助虚詞“其”〈14〉或“而”〈4〉。

4.1.5 述賓結構充當句法成分一覽表

句子成分 / 頻率統計	謂語	賓語	主語	定語	狀語	補語
出現頻率	12375	1013	90	119	18	0
佔總數的百分比(%)	88	7	0.6	0.8	0.1	0

按:上表中,述賓結構構成“者”字結構、“所”字結構未計在内。

統計數字表明:述賓結構充當謂語是其最基本、最主要的語法功能;其次是充當賓語;述賓結構很少充當主語、定語;至於充當狀語則是個别現象;述賓結構不能充當補語。

4.2 構成“者”字結構、“所”字結構

4.2.1 構成“者”字結構

例如:

殺人者死。(去私)

丈人智惑於似其子者。(疑似)

---

① 關於此類句子的句法結構,語法學界尚有不同的看法;本書采用了周法高先生的觀點,見《中國古代語法·造句編》(上),第三節“副語”。

無骨者不可令知冰。(任數)
凡有角者無上齒。(博志)
殺其不能鳴者。(必己)
卑師者不聽。(勸學)
生之者地也。(審時)
如秦者立而至。(貴因)
教寡人者衆矣。(審為)

《吕》中,述賓結構構成"者"字結構共出現425例。述賓結構構成"者"字結構基本上是自由的,除了尚處於萌芽狀態的帶"施事賓語"、"工具賓語"的述賓結構之外,帶其他語義類型賓語的述賓結構都可以構成"者"字結構。述賓結構構成的"者"字結構或指稱動作的發出者,如《去私》、《必己》、《貴因》諸例;或指稱具有某一特徵的事物,如《任數》、《博志》例;其語義所指取決於述語動詞的語義特徵。

4.2.2 直接構成"所"字結構

例如:

不知其所受之。(用衆)
有所匿其力也。(審分)
人之所乘船者。(壹行)
吾無所用之。(高義)

("述語+受事賓語"構成的"所"字結構)

此寡人所欲聞也。(順説)
非而細人所能識也。(慎勢)

("述語+述事賓語"構成的"所"字結構)

賤所有餘。(離俗)

("述語+係事賓語"構成的"所"字結構)

幾點説明:

(1) 述賓結構直接構成"所"字結構是不自由的:①《吕》中,僅見37例,不到述賓結構總數的0.3%,出現頻率極低;②十類述賓結構中,僅見帶"受事"〈16〉、"述事"〈17〉、"係事"〈4〉三類賓語的述賓結構直接構成“所”字結構；③帶“述事賓語”的述賓結構直接構成“所”字結構，其述事賓語衹能是單音節動詞，前後無附加成分〈17〉，如《順説》、《慎勢》例中的“聞”、“識”；直接構成“所”字結構的、帶“係事賓語”的述賓結構僅見“有餘”〈4〉。

(2) 述賓結構直接構成的“所”字結構，其語義所指亦取決於賓語的語義類型：①賓語如果是“述事賓語”，“所”字結構指稱動作的受事。如《順説》例中“所欲聞”指稱“聞”的受事。②賓語如果是“係事賓語”，“所”字結構指稱具有某一特徵的事物，與“者”字結構指稱相同。請看下面的例句：

荆所有鑶者地也，所不足者民也。今君王以所不足益所有鑶。(廉卒)

“所有餘”義同“有餘者”，指稱“地”。

(3) 賓語如果是“受事賓語”，“所”字結構一般指稱與動作相關的對象、憑藉、原因等〈13〉，見上文《用衆》、《審分》、《壹行》諸例，該“所”字結構在語義上可以理解爲在“所”與述賓結構之間隱含着一個語義介詞。如《用衆》例“不知其所受之”的意思是“不知從誰那裏接受了它”，“所受之”可以理解爲“所自受之”或“所從受之”；同樣，《審分》、《壹行》例中的“所匿其力”、“所乘船”可以理解爲“所以匿其力”、“所以乘船”。但也有特殊情況〈3〉，列舉如下：

所被攻者不樂。(精通)

若慈親孝子者之所不辭為也。(節喪)

君之所予位禄者，鶴也。(忠廉)

《精通》例中“所被攻”即指“被攻者”，“所”字結構指稱“攻”的受事；《節喪》例中“所不辭爲”指稱“爲”的受事；之所以這樣，是由於這兩例中的述賓結構的賓語都是由動作動詞充當的緣故。也正因爲在這一點上與“述事賓語”相當，故而其所指亦相同。《忠議》例“所予位禄”指稱“予”的對象。此例與上文《用衆》例雖然都是指稱動作的對象，但二者有别。《用衆》例可以理解爲隱含着一個語義介詞，此例不可；這是由於兩句中述語動詞的語法功能不同。“予”具有“轉移”的語義特徵，可以帶雙賓語，如：“王予之朱方。”(慎行)而“受”衹能帶一個賓語。

4.3 帶非介詞結構補語

4.3.1 非介詞結構補語的語義類型

《吕》中，述賓結構帶非介詞結構補語共出現 75 例（約佔總數的 0.5%），按其語義可分爲時間補語〈38〉、處所補語〈22〉、工具補語〈5〉、度量補語〈5〉、對象補語〈1〉、施事補語〈1〉、動量補語〈3〉。分别舉例如下：

用刀十九年。（精通）

伊尹奔夏三年。（慎大）

狐援出而哭國三日。（貴直）

先立春三日。（孟春）

（以上爲時間補語）

無用火南方。（仲夏）

或遇之山中。（介立）

（以上爲處所補語）

射之矢。（忠廉）①

買之五羊之皮。（慎人）

（以上爲工具補語）

去魯國五十里而封之。（貴信）

追北千里。（首時）

（以上爲度量補語）

無益我者也。（觀世）

（以上爲對象補語）

① 今有“射箭”一語，但考察先秦文獻未見“射矢”，因而“矢”不是“射”的賓語。

無使太公之社蓋之屏。(貴直)①

(以上爲施事補語)

鞭荆平之墳三百。(首時)

伍子胥説之半。(首時)　按:“之”代王子光。

所以求之萬也。(察賢)　高誘注:故人多求之也。②

(以上爲動量補語)

統計數字表明:

(1)述賓結構一般不能帶非介詞結構補語;

(2)述賓結構所帶的非介詞結構補語以時間補語、處所補語爲主,至於其餘類型的補語,由於其出現頻率極低,均當視爲特例。

4.3.2　充當非介詞結構補語的詞語類别

充當非介詞結構補語的詞語類别僅見名詞語〈67〉、數量短語〈5〉、數詞〈3〉三類。其中名詞語充當補語的能力相對來説最强,不僅出現頻率高(約佔89%),而且可以充當“時間”、“處所”、“工具”、“對象”、“施事”各類補語;數量短語祇充當“度量”補語;數詞祇充當“動量”補語。

4.3.3　帶非介詞結構補語的述賓結構的語義類型

祇有帶“受事”、“對象”、“空間”、“係事”四類賓語的述賓結構纔可以帶非介詞結構補語。

“述+受事賓語”帶“時間”補語,見上文《精通》例;帶“處所”補語,見《仲夏》例;帶“工具”補語,見《忠議》例;帶“度量”補語,見《首時》前例;帶“施事”補語,見《貴直》例;帶“動量”補語,見《首時》後2例。

“述+對象賓語”帶“時間”補語,見上文《貴直》例;帶“處所”補語,

① 此例上文云:“殷之鼎陳於周之廷,其社蓋於周之屏……亡國之社不得見於天,亡國之器陳於廷,所以爲戒……其無使齊之大吕陳之廷,無使太公之社蓋之屏。”綜觀上文,“蓋之屏”當理解爲“蓋之於屏”,“蓋”用於被動,“之”複指“太公之社”,意思是“被屏遮蓋上”。

② 轉引自陳奇猷.《吕氏春秋校釋》,P1442.

見《介立》例。

“述＋係事賓語”衹帶“對象”補語，見上文《觀世》例。

“述＋空間賓語”帶“時間”補語，見上文《慎大》例；帶“度量”補語，見《貴信》例。

上述四類述賓結構帶非介詞結構補語的能力存在差異，具體情况請看下表：

補語的語義類型 述賓結構的語義類型	時間	處所	工具	度量	對象	施事	動量
述＋受事賓語	22	21	5	1	0	1	3
述＋對象賓語	7	1	0	0	0	0	0
述＋係事賓語	0	0	0	0	1	0	0
述＋空間賓語	9	0	0	4	0	0	0

帶非介詞結構補語的述賓結構，其帶補語的能力可以描寫爲：

述＋受事賓語＞述＋對象賓語＞述＋空間賓語＞述＋係事賓語

4.4　關於多級述賓結構

4.4.1　多級述賓結構界説

本書在本章第1節曾經提到，述賓結構的賓語有時自身又是一個述賓結構，這種述賓結構我們稱之爲多級述賓結構。例如：

簡子可謂好從諫矣。（期賢）

└┘ └───┘ 述賓（第一層）

└┘└──┘ 述賓（第二層）

└┘└┘ 述賓（第三層）

└┘ 述賓（第四層）

上述分析，是以述語動詞爲核心逐層切分的；多級述賓結構的層級取決於該述賓結構切分的層次，如《期賢》例中，“可謂好從諫”共切分出四層述賓結構，即爲四級述賓結構。爲便於説明多級述賓結構中各層述語動詞的位置及其特點，本書按照述語動詞構成的述賓結構中所含的層次將其定級。如《期賢》例中，“可”構成的述賓結構中包含四層述賓結構，本書稱之爲四級述語動詞，“謂”構成的述賓結構中包含三層述賓結構，則稱之爲三級述語動詞，依次類推，“好”爲二級述語動詞，“從”爲一級述語動詞。

4.4.2 多級述賓結構列舉

考察《吕》，多級述賓結構共計出現 905 例（按：這裏統計的數字指的是獨立的多級述賓結構，凡包含在其他述賓結構中的述賓結構，如包含在四級述賓結構中的三級述賓結構，未單獨計算），約佔述賓結構總數的 6%。舉例如下：

宋之庖丁好解牛。（精通）
伯樂學相馬。（精通）
禁止伐木。（孟春）
富人請贖之。（離謂）
我不言伐莒。（重言）
命封黄帝之後於鑄。（慎大）
不若審之。（貴生）
何謂去害。（盡數）
類有人。（序意）
可以託天下。（貴生）
臣不敢哭師也。（悔過）
醜不若黄帝。（貴公）

（以上爲二級述賓結構）

晏子可謂知命矣。（知分）
可謂能聽矣。（謹聽）
焉得為利劍。（别類）
君恐不得為臣。（不侵）

(以上爲三級述賓結構)

李悝可謂能諫其君矣。(驕恣)

文公可謂知求欲矣。(為欲)

簡子可謂好從諫矣。(期賢)

患在知能害人。(驕恣)

(以上爲四級述賓結構)

關於多級述賓結構的幾點説明:

(1)《吕》中,多級述賓結構最多爲四級。其中,二級述賓結構是基本形式,共出現858例,約佔多級述賓結構總數的95%;三級述賓結構28例、四級述賓結構19例出現頻率很低,屬於特例。

(2)多級述賓結構各級的述語動詞必須是可以帶謂詞性賓語的謂賓動詞,而狀態動詞不能帶謂詞性賓語,因此,狀態動詞不能構成多級述賓結構;其他各類動詞構成多級述賓結構的具體情況,請看下表:

動詞的類別 / 述語動詞的級數	動作動詞	狀態動詞	關係動詞		情態動詞
			存在	類同	
二級述語動詞	225	0	2	88	590
三級述語動詞	4	0	0	18	25
四級述語動詞	1	0	0	0	18

統計數字表明:構成多級述賓結構,情態動詞能力最强,動作動詞、關係動詞次之。

需要指出的是,情態動詞、動作動詞、關係動詞構成二級以上的述賓結構都是不自由的,衹是特例而已。①構成二級以上的述賓結構的情態動詞僅見"可"一詞;而且是凝固的"可謂"格式,如上文《期賢》例。考察《吕》,情態動詞構成二級以上的述賓結構共43例,而"可謂"格式即有40例便是證明。關係動詞不能構成四級述賓結構,也不能構成獨立的三級述賓結構。表中18例三級述語動詞均爲"謂"一詞,而且全部出現在凝固的"可謂"格式中。至於動作動詞雖然可以構成獨立的四級述賓結構，見上文《驕恣》例，①以及獨立的三級述賓結構，見上文《不侵》例；但一是頻率極低，二是該多級述賓結構中必須含有情態動詞，如《驕恣》例中的"能"，《不侵》例中的"得"，可見也是有嚴格限制的。②情態動詞、動作動詞、關係動詞構成二級以上述賓結構，無論是三級述語動詞，還是四級述語動詞之前都不能有任何附加成分（僅 1 例例外，見《不侵》例，三級述語動詞之前出現否定副詞"不"）。

(3) 獨立的多級述賓結構的句法功能。《吕》中，獨立的多級述賓結構在句中衹充當謂語（約佔總數的 94%，例見上文），惟 3 例二級述賓結構例外。列舉如下：

夫欲定一世……其勢不厭尊。（愼勢）

夫去害務與不能去害務，此賢不肖之所以分也。（博志）

若夫欲利人之心，不可以加矣。（長利）

《愼勢》、《博志》例中，"欲定一世"、"不能去害務"在句中充當主語，以"夫"爲標記；《長利》例中"欲利人"充當定語，以"之"爲標記。

此外，二級述賓結構也可以構成"者"字結構〈49〉。如：

善用兵者。（决勝）

不能為君者。（當染）

二級述賓結構構成的"者"字結構在語義上衹指稱動作的發出者。

二級述賓結構不能直接構成"所"字結構，偶見藉助"以"構成"所"字結構者〈5〉。如：

句踐之所以能報其讎也。（樂成）

此史定所以得行其邪也。（去宥）

該"所"字結構在語義上衹指稱原因。

附表 1

帶不同語義類型賓語的述賓結構充當賓語對述語動詞的選擇一覽表

---

① 《驕恣》例中的"在"非表"存在"的關係動詞，而是指出所在，相當於"在於"，本書歸入動作動詞。

述語動詞及介詞的類別 / 帶不同語義類別賓語的述賓結構	情態動詞	動作動詞	關係動詞	介詞		
				於	以	乎
述＋受事賓語	477	199	79	28	8	1
述＋係事賓語	68	13	10	2	1	1
述＋對象賓語	27	10	2	2	3	0
述＋述事賓語	0	7	2	3	0	0
述＋意事賓語	1	0	0	0	1	0
述＋使事賓語	35	5	0	1	2	1
述＋空間賓語	9	4	3	0	0	1
述＋當事賓語	2	0	0	5	0	0
述＋施事賓語	0	0	0	0	0	0
述＋工具賓語	0	0	0	0	0	0

附表 2

帶不同語義類型賓語的述賓結構充當主語對謂語的選擇一覽表

謂語的類別 / 帶不同語義類別賓語的述賓結構	謂詞性的							體詞性的	小句
	動詞或動詞短語				形容詞	數詞	代詞*然		
	動作	狀態	關係	情態					
述＋受事賓語	8	0	18	6	19	0	2	6	6
述＋係事賓語	0	2	0	0	0	1	0	0	0
述＋對象賓語	0	0	1	1	1	0	0	1	2
述＋述事賓語	0	2	0	0	0	0	0	0	2
述＋意事賓語	0	0	0	0	0	0	0	0	0
述＋使事賓語	0	1	1	1	0	0	0	0	0
述＋空間賓語	0	0	0	0	5	0	0	0	0

述＋當事賓語	0	0	0	0	4	0	0	0	0
述＋施事賓語	0	0	0	0	0	0	0	0	0
述＋工具賓語	0	0	0	0	0	0	0	0	0

附表 3

帶不同語義類型賓語的述賓結構充當定語、主語一覽表

充當定語、主語 / 帶不同語義類別賓語的述賓結構	充當定語		充當主語
	藉助虛詞“之”	直接充當定語	
述＋受事賓語	83	6	65
述＋係事賓語	21	2	3
述＋對象賓語	5	0	6
述＋述事賓語	6	0	4
述＋意事賓語	0	0	0
述＋使事賓語	3	0	3
述＋空間賓語	1	0	5
述＋當事賓語	2	0	4
述＋施事賓語	0	0	0
述＋工具賓語	0	0	0

參考文獻

1 布龍菲爾德.語言論(漢語譯本).北京:商務印書館,1980
2 王　力.漢語語法史.北京:商務印書館,1989
3 馬建忠.馬氏文通.北京:商務印書館,1983
4 朱德熙.語法講義.北京:商務印書館,1982
5 胡明揚.語言學論文選.北京:中國人民大學出版社,1991
6 陸儉明.陸儉明自選集.鄭州:河南教育出版社,1993
7 周法高.中國古代語法·造句編(上).香港:香港中文大學
8 徐通鏘.語言論.長春:東北師範大學出版社,1997
9 楊伯峻、何樂士.古漢語語法及其發展.北京:語文出版社,1992
10 何樂士.左傳虛詞研究.北京:商務印書館,1989
11 陳　平.漢語零形回指的話語分析.現代語言學研究.重慶:重慶出版社,1991
12 曹逢甫.主題在漢語中的功能研究.北京:語文出版社,1995
13 鄭奠、麥梅翹.古漢語語法學資料匯編.北京:中華書局,1964
14 管燮初.西周金文語法研究.北京:商務印書館,1981
左傳句法研究.合肥:安徽教育出版社,1994
15 胡壯麟.小句與複句.語言係統與功能.北京:北京大學出版社,1990
16 邢福義.漢語複句與單句的對立和糾結.語法問題思索集.北京:北京語言學院出版社,1995
17 邢福義.論現代漢語句型系統.北京:北京大學出版社,1983
18 陳奇猷.呂氏春秋校釋.學林出版社,1984
19 中國社會科學院語言所現代漢語研究室編.句型和動詞.北京:語

文出版社,1987

20 王克仲.古漢語動賓語義關係的分類.遼寧大學學報,1989(5)

21 趙　誠.甲骨文簡明詞典.北京:中華書局,1988

22 魯國堯.《孟子》"以羊易之"、"易之以羊"兩種結構類型的對比研究.先秦漢語研究.濟南:山東教育出版社,1982

23 陳建民.現代漢語句型論.北京:語文出版社,1986

24 王希傑.論句型.南京大學學報(人文哲社版)1989(6)

25 蔣紹愚.抽象原則和臨摹原則在漢語語法史中的體現 .古漢語研究,1999(4)

26 林杏光.詞彙語義和計算語言學.北京:語文出版社,1999

27 施關淦.動詞謂語句句型簡論.語法研究和探索(七).北京:商務印書館,1995

28 袁毓林.漢語動詞的配價研究.南昌:江西教育出版社,1998

29 申小龍.中國句型文化.長春:東北師範大學出版社,1988

30 崔立斌.《孟子》的述賓結構.語言學論叢.第 17 輯.北京:商務印書館,1992

31 張雙棣、殷國光、陳　濤.呂氏春秋詞典.濟南:山東教育出版社,1993

32 張雙棣、張萬彬、殷國光 、陳　濤.呂氏春秋譯註(修訂本).北京:北京大學出版社,2000

33 殷國光.《呂氏春秋》詞類研究.北京:華夏出版社,1997

34 殷國光.上古漢語語法研究.北京:中國大百科全書出版社,2002

後　　記

《〈吕氏春秋〉句法研究》是我主持的1996年度國家社科基金項目《〈吕氏春秋〉語法研究》的成果之一,也是中國社會科學院九五規劃重點項目《先秦專書語法研究》的子課題。

專書的語法研究可以是全面的,也可以是專題形式的,本書采取了後者,希望以有限的篇幅探討值得關注的一些問題。

我從事《吕氏春秋》專書的語言研究,斷斷續續,至今已有20年。從1982年起,我和張雙棣、張萬彬、陳濤等幾位同窗一起對《吕氏春秋》進行了校勘、注譯(《吕氏春秋譯註》1986年由吉林文史出版社出版,2000年由北京大學出版社出版了修訂本),並編制了索引(《吕氏春秋索引》2002年由山東教育出版社出版),撰寫了詞典(《吕氏春秋詞典》1993年由山東教育出版社出版)。《吕氏春秋》語法研究就是在這個基礎之上進行的。應該説,無論是《〈吕氏春秋〉詞類研究》(1997年由華夏出版社出版),還是《〈吕氏春秋〉句法研究》都包含着幾位學兄的辛勞,謹在此向幾位學兄表示誠摯的謝意。

回顧自己從事《吕氏春秋》專書語言研究的20年,飲水思源,首先要感謝我的母校——北京大學中文系培養過我的諸位老師,是他們爲我開啓了語言研究的大門,引導我走上了從事語言研究的道路,並以他們的學識和辛勞爲我從事語言研究奠定了堅實的基礎。我的研究生導師胡明揚先生對我的研究給予了極大的關注,在從事《吕氏春秋》專書語言研究中,筆者始終得到胡先生的指導和鼓勵。謹在此向恩師致以誠摯的謝意。此外,還要特别感謝何樂士先生,本書中大部分内容都經何先生審閲過,無論在理論上,還是在專書研究的具體操作上,都使我獲益匪淺。

後　記

本書中的部分内容曾以論文的形式發表過，其中談“向心結構”的幾篇文章由於考察同一語言現象，個別地方略有重複；此外，由於各篇文章發表的刊物和發表的時間不同，文章的體例、術語、符號也不盡完全一致；這次出版，僅在體例、符號方面做了一些改動，力求統一，個别注釋做了删削，其餘均保持其發表時的原貌，未做修改。我想，這樣或許能更真實地記録這 20 年來自己在專書語言研究上思考、探索的歷程。

《〈吕氏春秋〉句法研究》獲得國家社會科學基金、中國社會科學院社會科學基金的資助，謹在此致以誠摯的謝意。

最後，還要感謝河南大學出版社對本書的出版所給予的支持，感謝本書的責任編輯王興業先生所付出的一切辛勞；没有他們的支持，本書的問世是不可能的。

由於筆者水平有限，錯誤、疏漏固在所難免，懇切地希望得到專家、讀者的批評和指正。

殷國光

2001 年秋於中國人民大學

呂氏春秋序

高誘撰

呂不韋者濮陽人也爲陽翟之富賈家累千金秦昭襄王者孝公之曾孫惠文王之孫武烈王之子也太子死以庶子安國君柱爲太子柱有子二十餘人所幸妃號曰華陽夫人華陽夫人無子安國君庶子名楚其母曰夏姬不甚得幸令楚質於趙而不能顧質數東攻趙趙不禮楚時不韋賈於邯鄲見之曰此奇貨也不可失乃見楚曰吾能大子之門楚曰何不大